汉字与文物的故事

战国重金属之歌

许进雄 著

化学工业出版社
·北京·

原繁体版书名：戰國重金屬之歌——漢字與文物的故事
作者：許進雄
ISBN：978-957-05-3174-9

本书中文简体字版权透过北京时代墨客文化传媒有限公司代理，由台湾商务印书馆授权化学工业出版社独家出版发行。非经书面同意，不得以任何形式，任意重制转载，本著作物简体字版仅限中国大陆地区发行。

北京市版权局著作权合同登记号：01-2019-5621

图书在版编目(CIP)数据

汉字与文物的故事. 战国重金属之歌 / 许进雄著. —北京：化学工业出版社，2020.1
　ISBN 978-7-122-35390-0

Ⅰ.①汉… Ⅱ.①许… Ⅲ.①汉字-通俗读物②文物-中国-战国时代-通俗读物 Ⅳ.①H12-49②K87-49

中国版本图书馆CIP数据核字（2019）第225391号

责任编辑：郑叶琳　张焕强　　　书籍设计：尹琳琳
责任校对：宋　玮　　　　　　　版权经理：金美英

出版发行：化学工业出版社
　　　　　（北京市东城区青年湖南街13号　邮政编码100011）
印　　装：北京凯德印刷有限责任公司
710mm×1000mm　1/16　印张20½　字数214千字
2020年2月北京第 1 版第 1 次印刷

购书咨询：010-64518888
售后服务：010-64518899
网　　址：http://www.cip.com.cn

凡购买本书，如有缺损质量问题，本社销售中心负责调换。

定　　价：88.00元　　　　　　版权所有　违者必究

中华文物的初学津梁

序

在同侪之中,许进雄的学术成就是我最佩服的。他的甲骨研究和著作,于安阳殷墟博物馆甲骨展览厅被评为世界对甲骨学最有贡献的二十五名学者之一;他的《中国古代社会:文字与人类学的透视》,从文字与人类学加以透视,堪称别开生面的经典名著。因为他有机缘在加拿大皇家安大略博物馆和多伦多大学沉潜三十年,博览群籍,摩挲文物,从而厚积学识、广开眼界,以不惑之年,即蜚声国际。

进雄的性情,也被同侪评为天下最老实的人。他虽然爱说笑话,博君一粲;但襟抱磊落、表里如一,言必有信。他放弃加拿大高薪稳定的工作,"回母系贡献",也因此创下台大中文系新聘教员"全数通过"的纪录。他在台大,用心用力地培养甲骨学新秀,希望这一门"望重士林"的学问,能够在中文系薪火相传。在他心目中,也果然已有传人，可惜始终未能扎根母校。如果说进雄返回台湾多年，有什么遗憾的话，应当只有这件事。

有天世新大学牟宗灿校长向洪国梁主任跟我征询能使世新中文系加强阵容和向上提升的人才，牟校长当即同意礼聘进雄。我很高兴数十年莫逆之交的弟兄，又能一起为世新尽心尽力。而青山绿水、清风明月，杯酒欢笑，亦复能洋溢于白发萧疏之中。

进雄将由台湾商务印书馆出版的一套四册《汉字与文物的故事》（这是他在台大和世新的授课讲义），以文物作为单元，逐篇撰就，篇篇深入浅出，可以看出进雄学养的扎实，而机趣亦自然流露其间。我认为此书不只可作为喜爱中华文物的初学津梁，其精要的见解同样可供学者参考。

能出一本书是读书做学问的人的一大愉悦，在为进雄感到高兴之余，也写出我对他治学为人的一些认知。因为就读者而言，"读其书，不知其为人可乎！"

曾永义

因缘际会说甲骨

自序 繁体版

　　一九六〇年我进到台湾大学中文系，因缘际会开始研读甲骨学，到了研究所毕业的时候，我的甲骨学知识已能自行研究，独当一面了。一九六八年，承蒙历史语言研究所的李济博士与业师屈万里教授共同推荐，我去加拿大安大略省多伦多市的皇家安大略博物馆，整理明义士博士收藏的大批甲骨文字。我从未想到会因此因缘而深涉中国古文物及中国考古学的知识。

　　皇家安大略博物馆原来是多伦多大学附属的机构，兼有教学与展示的功能，一九六八年因扩充编制而脱离大学成为独立的省属机构。馆藏的文物包括人类所有地区的文明以及科学各领域的信息，其中以远东部的中国文物最为有名，号称是中国地区以外最丰富的十大收藏之一，很多藏品独一无二，连中国都难得见到。

我所受的专业训练是有关中国学问的，既然身在以收藏中国文物著称的单位服务，自然会变成同事们咨询的重要对象。为了因应工作的需要，我只得扩充自己求知的领域，除了加强对中国思想、文学、语言等学科原有的训练外，也自修考古、艺术、民俗、天文、产业等各方面的知识，以应付博物馆的多样化展览主题，因此也就不自主地开始深入了解中国文物的必要知识。

在多伦多，我本有博物馆与多伦多大学的稳定工作。但受到学长曾永义教授"回母系贡献"的一再敦促，一九九六年应台湾大学中文系之聘，返回台湾来讲授中国古代社会学、甲骨学、文字学等课程，当时尚未有开设相关中国文物课程的构想。在一次餐会中，认识了世新大学通识课程的主任赵庆河教授，他谈及想增加中国文物知识的普及化教学课程。我告以自己曾经在博物馆工作，具有二十几年参与中国文物的收藏与展览的经验，在加拿大的洋人社会里也长期从事推广中国文化的活动。他就问我是否可以考虑去世新大学开一门有关中国文物的通识课程，我答以何乐而不为。当时以为只是客套的交谈，并未做教学的进一步打算。谁知开学前不久，突然接到电话，说通识课程已经排定了，请我准备上课。在匆促之间，就决定以我与同事们为介绍馆藏重要文物所编写的书，《礼敬天地——皇家安大略博物馆的中国宝藏》（Homage to Heaven, Homage to Earth – Chinese Treasures of the Royal Ontario Museum，多伦多大学出版部，一九九二年）作为讲课的主要教材，辅以介绍其他机构的典藏品。如此一边教学一边编写教材，一年之后，初步的教材就绪，我也就把中国文物概说的课带到故乡的大学去。

皇家安大略博物馆的展示以主题为主，每个展览的筹划都像写一篇论文。不但展示的整体内容有起承转合的结构，个别文物的说明，除必要的名称、功能、材质、年代、制造、装饰等信息外，还特别重视文物背后所隐含的生活与社会意义，希望观众于参观后，能对展示的主题有明确的认识，而不是只浏览展品美丽的外观而已。在长期受这种以教育观众为展览目标的主导原则的影响下，我对于文物的认识常着重其制造时的社会背景，所以讲课时，也经常借重我所专长的中国文字学、中国古代社会学，做综合性的诠释与引申。譬如，在介绍红山文化的玉猪龙时，就借甲骨文的"冐"字谈佩戴玉佩以驱避蚊子的可能性；介绍大汶口的象牙梳子时，就借用甲骨文的"姬"字谈发饰与贵族身份的关系；教到东周的莲瓣盖青铜酒壶时，就谈盖子的滤酒特殊设计；介绍唐代的彩绘釉陶妇女骑俑，就谈妇女生活解放与自主性的问题；对半坡文化的小口尖底红陶瓶，就谈中外以陶器运输水酒的惯习；对唐代墓葬的伏羲与女娲绢画，就谈中国的鹿皮与结婚礼俗，以及中国古代台湾地区居民与汉族的关系。借金代观世音菩萨彩绘木雕介绍观音菩萨的传说与信仰；借宋代太和铭双龙纽镈钟谈宋代慕古风气与金人洗劫汴京的史实；利用刻纹木陶拍介绍陶器烧造的科学知识；等等。

大部分同学对这种涉及多门学科、整合式的新鲜教学法感兴趣。

有位在某出版社就职的同学找我谈，说他们的总编辑对我讲课的内容也有兴趣，有意请我将讲课的内容写出来出版。在与总编辑面谈后，初步决定撰写一百四十篇，每篇约一千一百字，以一件文物为中心，选取新石器时代至清代各种不同类型的文物，依教课的模式与精神，谈论各种相关的问题。至于书名，因博物馆的展览经常提供导览服务，导览员会对较重要的展品做详细的解说，并申论个人的意见，这与本书撰写的性质和目的非常类似，所以就把书名定为《中华古文物导览》。每篇文章都是独立的单元，读者可以随意浏览，不必从头读起。

面谈后我就兴致勃勃地开始选件与写作，谁知到了任务快完成时，因版权费的原因，我不签合约，写作的兴致也就此打消，于写完一百三十一篇后就辍笔不写了。之后曾把部分文章改写为六百字的专栏刊在《国语日报》上，但登了四十几期亦终止了。后来有家出版社的社长向我征求甲骨学方面的稿件，我一时没有甲骨学的著作，就想何不补足《中华古文物导览》的稿件交给该社出版。承该社长不弃，付梓问世了。

《中华古文物导览》出版后，我接到大陆朗朗书房的电话，说这本书的写作方式非常新颖，打算介绍给大陆的读者，问能不能授权给他们简体字版的版权。我就请他跟出版社直接洽谈。于取得简体字的版权后，他们央求我多写十篇。我也答应写了。出版时改名为《文物小讲》。

《中华古文物导览》出版后，我发现市面上不太容易找到这本书，但《文物小讲》销售却不错，再度签了五年的合约。显然并不是内容有问题卖不出去，而是销售的方法不合适。于是我找台湾商务印书馆谈，把《中华古文物导览》这本书的版权买下来，而我大幅扩增内容，预定完成全新的版本共四册，并把教课的讲义做适度的删改，使其适合大众阅读。很高兴洽谈成功，把版权移转到台湾商务印书馆。现在出版在即，把原委稍为说明如上。最后还希望学界先进，赐教是幸！

许进雄
二〇一八年五月九日于新北市新店区

自序 简体版

在受聘到加拿大多伦多市的皇家安大略博物馆工作以前，我不曾梦想自己会参与中国文物的研究工作，但命运之神却一步步地把我引领到中国文物的领域里。故事的起源应该推到我高中三年级的时候。从小学开始，我没有真正努力读书做功课过，整天只是嬉戏游玩，成绩都是平平常常的。到了高三的时候，我对于能否考上理想的大学没有把握。我自己决定办理休学，在家自学，打算考不上理想的学校时，还可以复学回到学校再度准备报考。人算不如天算，谁知这年修改章程，学生不能以同等学力报考。我只好赋闲在家，无所事事。

有一天去逛书店，看到一本厚厚的王念孙注释的《广雅疏证》。不知什么念头，我翻开书页，看到有"古、昔、先、创、方、作、造、朔、萌、芽、本、根、櫱、鼂、萪、昌、孟、鼻、业，始也"。我好奇，为何这么多不同的字，却有同样的意义？有些字的用法我是晓得的，可是有些就不明白了。我就把这本书买了回去，想仔细看看这到底是怎么一回事。读后明白，这些字的本义虽不尽相同，但使用在不同的句子的时候，却可以有类似的意义。我有兴趣读这本书，连带也开始用心攻读其他的功课。我进一步阅读了王引之的《经传释词》《经义述闻》，俞樾的《古书疑义举例》等著作，甚至去找出引用的原典来阅读。当时我觉得中国文字很奇妙，从此一心一意要报考中文系，探寻中国文字的深意。

复学后我如愿考上了台湾大学的中国文学系。我了解到，要学好文字学，二年级的文字学与三年级的声韵学是必要的基础。于是我就去旁听这两门课，同时也积极向不同的老师请益。教古文字学的金祥恒老师是我时常请益的。那一年文学院的古文字研究室创刊了《中国文字》，里头就有一篇金老师写的文章《释虎》，介绍虎字的甲骨文字形就是描画一只老虎的形象，后来经过各种的演变，逐渐成为现在的虎字以及隶书、草书等各种形态。

["虎" 字甲骨文字形]

["虎" 字金文字形]

我读了之后很受启发。了解到，若要对中国文字的创意有正确的解答，以目前资料保存的状况来看，应该从最早的商代甲骨文下手。从此我开始用心地阅读有关甲骨学的文章。

到了第二学年正式学习文字学，这年改由李孝定老师来教。李老师当时正在编写《甲骨文字集释》，这本书的撰写体例是把各家对于某一个甲骨文字形的解释汇集在一起,然后以个人的意见作为总结。李老师了解我对甲骨学有些认识,让我到他在历史语言研究所的研究室阅读他的原稿,同时校对引文有没有笔误或遗漏。这就等同让我阅读了当时所有的甲骨著作。到了下学期即将结束的时候,李老师告诉我,有个美国的机构在台湾设立一个中国东亚学术研究基金,提供必要且非常优渥的奖助学金,以期提高学生们对于某些冷门学科从事研读的意愿。其中有一个名额是颁给研究甲骨学的学者,但这个奖助是需要写研究论文的。他和戴君仁老师共同推荐我。我就依老师的指示,提出研究题目"商代祭祀卜辞的研究"去申请。

得知获得奖助后,我就开始收集材料,真正着手从事研究的工作了。每有所得,我会就近把一些看法拿来向金老师请教。金老师也鼓励我把比较有心得的部分先挑选出来,写成小文章在《中国文字》上发表。

研究期间我最大收获是对于"周祭"(初称五种祭祀)的研究。董作宾和日本甲骨学家岛邦男两位前辈教授是我之前对于周祭研究最著名的两人。我重新探索,而且找到证据,修正了两位前辈所推论的周祭的祭祀名单和祀首(开始的祭祀组)。五种祭祀是以翌、祭、𢱫、劦、肜等五个祭祀,持续不断地向商王的祖先举行,一个周期约为一太阳年。但有必要探求何者为先,董作宾先生认为祭祀时先鼓乐的肜,然后跳舞的翌,最后以吃饭的祭、𢱫、劦结束,所以次序是肜、翌、祭、𢱫、劦。岛邦男先生认为先大规模的举行,祭的祀组包括𢱫与劦,规模最盛,所以次序应该是祭、𢱫、劦、肜、翌。这两种说法都是主观的认定，没有支持的证据。我就发现有两条卜辞，其序列都是翌、劦、肜。而且翌组与祭组、祭组与肜组都是相连的，但肜组与翌组之间却有一个空旬，明显表现一个祀组与下一个祀组之间的中断。所以五种祭祀举行的次序应该是翌、祭、𢦏、劦、肜。此文发表以后，大概就被认定为正确，不再有异议了。后来在屈万里教授的指导下，我扩充成为我的硕士论文《殷卜辞中五种祭祀的研究》。因为我从大学三年级就开始探讨这个问题了，所以修业二年就从硕士班毕业了。

那时正好加拿大的多伦多大学东亚学系写信给研究院，请求推荐一个人去整理学校所收藏的明义士博士购藏的甲骨。屈老师大概认为我已经具备独立从事研究的能力了，就与研究院的李济教授合力推荐我去加拿大整理那批材料。

在博物馆工作，我有一个重要的发现，可以利用甲骨上的钻凿形态去判断甲骨刻辞的时代。早先董作宾先生发表了《甲骨文断代研究例》，从刻辞的内容归纳出甲骨断代的十个标准，很得学者的赞同。但是其中某一类的甲骨，学者对于其年代却有两种不同的意见，相持不下。我的钻凿断代方法提供一个不同的切入点，有利于解决争论。

殷墟出土的甲骨，为了让占卜烧灼后的兆纹能够容易显现，就在背面挖刻凹洞，学术界称之为钻凿。一般学者没有看过真正的甲骨，看过的学者也没有长时间的接触，所以都没有发现不同时期的甲骨其上的钻凿形状有不同的形态，自然也不会想到甲骨上的钻凿形态和时代之间可能有一定的联系。

在拓印完甲骨之后，我会对甲骨进行清理，这个过程中一定会看到甲骨背面的形象。在清理了一段时间以后，我慢慢感觉到不同时期的甲骨上的钻凿形态有不一样的习惯，就转而特意地观察，并且到美国、英国、日本、中国台湾等收藏丰富的单位去收集资料。确定钻凿形态对于甲骨的断代确实具有启发性，并完成我在多伦多大学东亚系的博士论文。从种种现象，我得出第四期与所谓的王族卜骨应该是同时代的结论，即肯定了董作宾先生的论点。后来大陆在安阳的小屯南地以及小屯村中与村南所作的地层发掘，都证实我的研究结论。因此有些学者也开始撰文议论以前的错误归属。之前，研究院的张光直先生就指称这种以钻凿形态断代的方法是甲骨断代的第十一个标准。

自我写作的《中华古文物导览》出版后（简体版名为《文物小讲》），台湾商务印书馆接洽我出版比较完整的教学版本。我同意把自己的版权买回来让台湾商务印书馆重新编排与出版。我上课的材料有比较多参考的信息，我就做一些参考内容上的删减，计划以汉朝作为分水岭，分为两册出版。但是台湾商务印书馆编辑部建议以主要朝代的器物大致区分为：石器时代、春秋战国、汉唐、宋元明清，共四册，并以甲骨汉字为主轴，如此对读者比较容易入门，除了习得古物知识，更能了解甲骨汉字的来源和故事。虽然跟我原先的规划与分章的原则不同，但对一般读者来说会更具有阅读节奏。在这套书出版不久，我非常高兴被告知大陆的化学工业出版社悦读名品出版公司有意愿出版这套书的简体字版。

青色岫岩玉猪龙，高7.9厘米，红山文化类型，5500~4200年前

蟠螭纹莲瓣盖双环耳青铜酒壶，高47.4厘米，加拿大皇家安大略博物馆藏。东周，公元前5世纪

本书和大多数介绍中国文物的著作有很大的不同，一般的介绍偏重于出土或收藏的信息，如尺寸的大小、质料、名称、出土地、现藏何处，以及有无铭文等比较基本的信息。我因为每件重点介绍的文物要写上一千四百字左右，必然要加上一些自己延伸的观点。甲骨学是我的专业，所以往往也从甲骨文的视角来讨论。譬如说，所谓的红山文化的猪龙玉雕，我就举甲骨文的"龙"字（𤔔），尾巴必定与嘴巴反向，而玉猪龙的尾巴与嘴巴几乎衔接，不可能是龙的形象。反而与甲骨文的"肙"字形（𧈢）相似，而且玉猪龙悬挂起来的形象与蚊子幼虫浮挂在水面的形象一致。肙字在甲骨刻辞的意义是病疾的捐除，所以建议玉猪龙是以幼蚊的形象悬挂在胸前，可能具有驱蚊虫的魔术意味。

又从部门所藏的春秋时代的莲花瓣透空盖酒壶，以及甲骨文的"莤"字，领悟到都是滤酒的器具。作用是卡住香茅，使酒渣不会从孔隙掉进酒壶里。

这件铜壶不但有六片向外伸出的透雕的莲瓣，而且盖子的顶部是透空的。盖子是为了防止酒的醇味走失而设计，如果是透空的，就失

饕餮纹平底青铜爵，高17.6厘米，商早期，公元前1600~前1400年

去其制作的意义了。中国的酒是用谷物酿造的，含有渣滓，把渣过滤掉才是比较高级的清酒。祭祀要用清酒，甚至是带香味的，才够表达主事者的虔敬心情。甲骨文的"茜"字（ ）作两手拿着一束草茅在一个酒壶之旁，充分说明使用香茅滤酒的创意。滤酒时先把草放在酒壶上然后倒上酒，酒就从草间的孔隙滴入壶中，不但把渣滓滤下来，还可沾染香草的味道。如果没有东西把草卡住，草就可能移动而有空隙，使得渣滓掉进壶中导致影响酒的质量，所以伸出的莲瓣是为了要把香草卡住而设计的，这就是为什么壶盖要透空以及有多个莲瓣的道理。商代没有这种形式的酒壶，但有滤酒的必要。到底使用什么器物去过滤酒呢？口沿有两个支柱的爵与斝，如果想用手提上来，就会倾斜而倒出里头的液体。大家都猜不透支柱的用途，我怀疑其作用就像这件酒壶的莲瓣，目的就在卡住滤酒的茅草。

"酒"字的甲骨文（ ），创意来自一个窄身尖底的酒瓶。但是商代并不见这样的酒瓶，比较欧洲运往北非的酒瓶，和六千年前仰韶文化或五千多年前庙底沟的小口窄身尖底的红陶瓶绝似，知道那是因应长途运输的需要。所以创意的重点是装在这种特殊容器的是酒，不是水。这样就对仰韶文化还

鸟纹青铜斝，高22.8厘米，约商中期，公元前15~前14世纪

小口尖底双系梳纹彩绘红陶瓶，高46.2厘米，半坡文化，6000多年前

没有酿酒的认知要重新思考。

  同时我也讨论，这种尖底的陶器在庙底沟类型以后的文化遗址中不见或很少见到，可能与水井的开凿有关。在较早期的年代，水要从远地的河流汲取运送回家，所以陶器加两个圆纽以方便系绳背负。后来有了牛马家畜，可以用竖立的形式安放在牛马背部的两侧，由之背负而不必用纽系绳，一如游牧民族的辽、金时代，制造有超过半米高的细长陶罐，以方便马匹装运负载水酒。往后人们晓得挖井取水，就在住家附近开凿水井，不用从远地运水来，所以也不再需要这种造型的水器了。

  以上略举几列，说明我介绍一件文物，除了基本的信息，经常从不同的角度切入观察。当然我也期盼同道不吝指正，让我有更成熟的认知。

许进雄
2019年8月

礼器与兵器——青铜不凡，国之重器

古代冶金文明—002

受到偏爱的铜器制造法—008

炼铜工具与甲骨文"厚"字的关系—013

是民生用具，也是国之重器的鼎—018

家家户户的大事："彻"底把煮饭的鬲洗干净—022

甲骨文中暗藏的刑法制度—028

记载了武王克商史实的簋—034

贵族应有的吃饭礼仪，就从"卿"字来展现—040

最诚恳的待客之道，请用觥洗手—046

为什么甲骨文的动物字，都窄窄长长的？—052

古装剧中常出现的爵，到底该怎么使用？—058

以"爵"位加之于人的含义—062

目录

与滤酒的方法有关的"酉"字—066

甲骨文的"享"字,来源于豪华建筑?—072

甲骨文"丧"字与采桑活动的关联—078

有"温度"的甲骨字—084

不得酱不食:古代的酱料瓶—090

象牙的使用与象的灭绝—094

象征公平公正的动物图纹—098

甲骨文"戈"字与武器的进化—103

中国何时开始有铁的使用?—110

埋藏两千多年依然锋芒如新的宝剑:优良的锻打技术—114

神秘的青铜弓形器在历史上消失的原因—120

从"轭"的发明,看马车的制作—124

何时开始有金银镶嵌的技术?—130

其他生活用具——其南笙钟，熏香自烧

甲骨文的"监"字是指看着什么—138

从镜子的花纹来判断时尚潮流—142

甲骨文的"南"字，来源于南方的钟？—146

中国钟的特殊形状和它的发音方式—150

跨越春秋与宋，作为历史见证之钟—155

头顶火焰的人形：甲骨文"光"字的由来—160

具消烟设计的精巧灯具—164

"明""搜""幽"：从甲骨文字形看古代照明用具之设计—168

为什么王族喜欢随葬骆驼俑？—172

金文"熏"字与塑造仙乡景象的博山炉—177

甲骨文"冓"字为什么被当作交接联系的代表？—183

花俏美丽的带钩装饰—188

目录

权位与信物——玉六器，礼四方

家家户户必备的时间测量工具—196

从甲骨文的"取"字，看古代的军事习惯—202

甲骨文"凤"字跟古代语言的关系—207

黄帝为什么叫"黄"帝？—212

象征统治者端庄优渥的"璜"—218

见剑如见我：代表贵族身份的宝剑—222

在墓中放入玉石做的马，是想骑着去哪里—226

象征转化新生的玉蝉—230

佩戴玉佩，就可以长生不老？—234

占卜与预知——不敢暴虎,不敢冯河

用骨的历史—240

神秘的骨占卜,只出过一次错?—245

对"龟"的崇敬和龟甲占卜的兴起—249

"戏"字的由来与打虎表演—252

目录

同场加映

骑马上天：对星空的浪漫想象—262

只有豪宅才用得起的陶瓦—266

古代玻璃的使用—272

自古就贵重无比的黄金—277

图 录

青铜不凡

国之重器

壹 礼器与兵器——青铜不凡,国之重器

古代冶金文明

受到偏爱的铜器制造法

炼铜工具与甲骨文「厚」字的关系

是民生用具,也是国之重器的鼎

家家户户的大事:「彻」底把煮饭的鬲洗干净

甲骨文中暗藏的刑法制度

记载了武王克商史实的簋

贵族应有的吃饭礼仪,就从「卿」字来展现

最诚恳的待客之道,请用觥洗手

古装剧中常出现的爵,到底该怎么使用?

以「爵」位加之于人的含义

与滤酒的方法有关的「酋」字

甲骨文的「享」字,来源于豪华建筑?

甲骨文「丧」字与采桑活动的关联

有「温度」的甲骨字

不得酱不食:古代的酱料瓶

象牙的使用与象的灭绝

象征公平公正的动物图纹

甲骨文「戈」字与武器的进化

中国何时开始有铁的使用?

埋藏两千多年依然锋芒如新的宝剑:优良的锻打技神秘的青铜弓形器在历史上消失的原因

从「轫」的发明,看马车的制作

何时开始有金银镶嵌的技术?

古代冶金文明

生产力是决定一个社会经济水平的主导力量，使用的工具则是衡量其生产力的标准。工具的效率与社会发展的阶段有密切的关系。冶金术的发明使人们走出漫长的石器时代，进入一个新的阶段。最早出现的红铜，是因为它原本就在大自然界中存在。红铜可以捶打延伸，随意造型，耐用且不易折断，并可改铸。虽然红铜有这些优点，但其硬度低，生产过程困难，不若石材产量丰富、易于打造。所以红铜主要用来打造饰物，对于经济生产影响不大。

红铜与铅、锡等其他金属的合金，易于氧化生青锈，故称之为青铜。青铜的熔点比红铜低，硬度反而高。铜依不同合金成分，可以铸成锐利坚硬的武器和工具，或美丽的祭器，对于国家生存都具有极高的价值。所以青铜冶铸的发明，激起了古人寻求原料加以熔铸的狂热。但采矿是辛苦又危险的工作，不是人人乐意从事的，所以有人提出一种说法，认为古人对金属的需求，促成了组织及管理能力的进化，以便更有效率地运用劳工，因此有了国家机构的雏形。

过去都认为中国在发展青铜以前与其他文明一样，也有一段时间是使用不必经过熔铸的红铜。理论上，青铜熔点较低，熔炼青铜要比红铜容易。故也有人认为，在中国熔炼红铜的技术可能迟于青铜。从发掘文物的数据来看，中国在公元前4000～公元前3000年间，可能无意间炼出青铜。不过那种偶然炼出的少量青铜，对社会难有影响。真正的青铜器时代要到能掌握其技术，并有一定量的生产时才算，即公元前十六七世纪时。

较铜更影响社会的是铁。商代遗址发现有套铸铁刃于铜柄的兵器，表明商人充分明白铁较铜锐利的特性。陨铁可加热锻打成器。也许人们因陨铁而了解金属的性质，才诱发烧烤石块而导致冶金术的发明。

近年的发掘证实春秋早期已有熟铁。春秋晚期更有用熟铁渗碳锻打成钢。商人既知铁比铜锐利，又有熔铸的熟练经验，铁矿的分布也远较铜锡普遍。商代的陶窑温度能轻易达到把铁矿烧成海绵铁的900～1200摄氏度。所以从理论上来说，商人可能有锻打熟铁的知识。不过锻打的方式太过费时，技术也难把握。要等到铸铁发明后，中国社会的工具水平才有进一步的发展。

西方发明锻铁比中国早，但发展生铁却比中国迟1500年以上。中国锻打熟铁的时间不长，比较习惯于使用块范铸器的方法。至少在公元前6世纪，就采用一贯的铸器方法，用高温熔化铁以浇铸器物。战争可能是发展铸铁的契机。东周时诸侯交战频繁，士兵渐成专业，生产人力减少，不能不谋求增产的方法。但青铜是铸制武器所需，难以大量转铸农具。铸铁虽易断折，但大量铸造足可弥补其缺点，所以很快发展起来，生产的速度大大提高。因此有人以铁的广泛使用作为封建社会的开端。战国中晚期铸钢技术更成熟，铁也取代铜成为武器的材料，铜熔铸业至此就大为衰微了。

青铜器的发掘与功用

工具使人能从事超越自己体能的工作，改善获取原料的效果，从而提高生活的水平。一般情况下，青铜比石头坚硬锐利，尤其是它具有可随意赋形、不易折断、经久耐用、可随时改铸等优点，是石头万万比不上的工具制造材料。

图1-1
青铜刀，长12.5厘米，甘肃东乡县出土。马家窑文化，约公元前3000年

图1-1这把青铜刀由单范铸成，接触空气的一面比较粗糙。制作方法是在一块石头上挖刻刀形，然后把熔融的金属液倒上去，等金属冷却后剥剔出来，再加修整就成了一把青铜刀。稍微复杂的器形就需要用两块或更多块型范铸造。以这种型范套合的方式铸造的叫块范法。这件青铜刀是目前所知中国最早的完整青铜器，在冶金史上具有重要的地位。

外国在使用青铜之前，有很长一段时间是使用锻打的方法，让自然红铜成形。红铜的硬度低，主要用以打造饰物。故后来发展青铜时，也经常以之打造饰物。在中国，偶然炼出青铜的时间，可能早至公元前三四千年。在6000多年前的遗址中就有出现残铜片，到了公元前4000~公元前3000年间则出土了较多的青铜残片、炼渣，甚至图1-1所示的这把刀。但以目前资料来看，能有效控制其技术并大量生产的时点，大概要到商早期或其前不久，即公元前十六七世纪时。中国可能很快甚至没有经过锻打红铜这一阶段，就进入青铜的时代，所以与西洋异趣，很少以之铸造饰物。

青铜是铜与铅、锡等金属的合金。依合金成分的不同，青铜可以铸成不同颜色、硬度、韧度的器物。其锐利与坚韧的特性，可以制造武器和生产工具；而金红的赋色及富有光泽的特性，可以满足祭器及饰物等不同需要。

商周墓葬出土的青铜器绝大多数是武器及礼器。那是因为青铜为当时新发现的最有用材料，由有权势者控制，为其需要而制作。竞争是为了生存不得不采取的手段，战争是经常采用的解决争执的方法，武器则是进行争斗、生死攸关的器具；青铜既然可以做成最锐利的武器，当然要优先加以制造。另一方面，无所不在的鬼神世界对于古人来说，有不可抗拒的威力，它们主宰着人类的祸福，不能不取悦；供奉鬼神的礼器就得用最贵重的青铜制造。在这种"国之大事，在祀与戎"的古代中国社会，青铜的主要铸器为祭器和武器就顺理成章了。

青铜礼器是祭祀和宴饮等行礼时的摆设用具，主要为有关进食的容器。演奏的乐器不占什么地位。各种容器有一定的形制和用途，主要有炊具的鬲（lì）、甗（yǎn）、鼎、甑（zèng）、釜、灶；盛食的簋（guǐ）、簠（fǔ）、豆、皿、俎；盛酒则有尊、彝（yí）、壶；调酒用盉（hé）；温酒用爵、角、斝（jiǎ）；饮酒用觚（gū）、觥（gōng）；盥洗之器有盘、匜（yí）、鉴、洗等。盛食之器还分菜肴与饭粟，不能搞错，就像西方人饮酒，不同的酒要用不同的杯子一样。

商人好酒屡见古人的记载，所以饮酒一项就设计了盛、温、调、饮等多种专用的器具。反映在墓葬中的结果，就是酒器多过食器不止一倍，并且其数量跟质量，能当作墓葬等级的指针。西周以来，酒器分量渐减，终至大大少于食器。商周铜容器的不同性格也反映于装饰的花纹，商代装饰是充满神秘气氛的饕餮，周代则慢慢变成几何形的图案。

商周时代的武器以戈最为重要，它是有了青铜以后才出现的形状，是专为杀人而设计的；利用挥舞的力量，以刀尖砍劈头部，或以窄长的刃拉割脆弱的颈部。随着时代的变化，其刃部逐渐加强而弯向柄的一边，使刃的长度和攻击的适当角度都有所增加。矛也经常加于戈上，增加冲刺时的攻击力。次要的有用以行刑、作为权威象征的厚重宽刃的钺，或作为行刑或威仪的细长平刃的斧与戚。

其他青铜铸器，还有车马上装饰的零件，虽不关生存，但都是贵族用以表示威仪的东西，故也被大量铸造。春秋时期以后，也许冶铁的发明，替代了部分铜器，有余铜可以铸其他物器，因此不但用以铸造生产的工具，也发展到非生产性的建筑物，用之作为木材的框架，代替榫卯以结合木构件，达到增强结构与美观的效果。

受到偏爱的
铜器制造法

了解中国冶铸技术的复杂性，肯定能对中国青铜器的精美有更深一层的欣赏与感动。古代中国人偏爱用块范法铸造铜器。其制造的模块约如图1-2所示。

首先是塑模，即以泥土塑造与所欲铸器物同大小的形象，如图1-2左图中间细长部分的铜车轴端饰件。然后在其上雕刻花纹或文字以便翻范。翻范的方法是把澄滤过的细泥调制湿润，拍为平片，按捺在模的外部，用力压紧使花纹细节反印在泥片上。待泥片半干，用刀分割成数片，加以烧烤，每片就是一个型。图中所示的车轴端饰件，器形简单，只需割成两半，内壁留下反印的器型及花纹。如果是爵之类的器物，则稍微复杂，需要八九块。最后一步是套合。是在模子上刮下欲铸器物的厚度，然后把外范和内模套合在一起。两者中的空间即为器物的厚度。内外模型的榫眼要扣合，并以绳子捆牢，再抹上泥土加以强固，如图1-2的右半图形，以防灌浇时范片走位，导致失败，然

先人的智慧

块范法

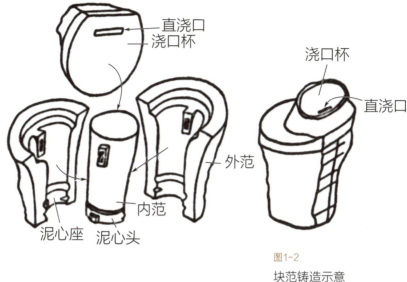

图1-2
块范铸造示意

后就可把铜液自浇口灌入了。等到铜液完全冷却，就可以把外面的泥土和绳子割开而取出里头的铜铸件。

这种复杂费时的范铸法是中国早期铸器的唯一方法。甚至连零件和修补也用同样的方法，这是中国冶铸的特色，由于需要多块泥范套合，故称之为块范铸造法。西方虽也使用块范法，但主要是使用失蜡法，以及铆钉、熔焊、锡焊等加工。方式与中国非常不同，所以很多学者认为它们强烈反映各自独立的创造性。

所谓失蜡法，就是先用蜡一类遇热会融化的东西塑造欲铸的器形，然后用陶土包裹起来，留下一个出口。烧烤后蜡熔解掉，就留下可以把铜液灌入的空隙。灌入后等至冷却，就可以把外边的陶土剥掉，得到欲铸的器物了。这种铸造法，没有型范套合的问题，复杂的器型比较容易设计，铸出来的器物也因没有隙缝而比较完美。中国要到春秋中期才使用失蜡法铸器，但也不是主要的铸器方法。由于中国对块范法的执着，连碰到高温才能熔化的铁，也想尽办法提高炼炉温度熔化铁汁以铸器，故比西方发展生铁早1500年以上。中国用笨拙的方式却能铸造出不输失蜡法的复杂而精美的铜器，其巧思相当值得我们钦佩。以失蜡法铸造的都是个别造型，故每一件都不同。但块范法，如果用比青铜熔点更高的东西作范，如铁，就可以用同一组的范无限制翻铸，降低成本。很多农具就是用这种方法铸造的。

　　图1-3这件是铸造铜钟的多片泥范中用于舞部的完整陶范。铸完器后型范要被破坏才能取出其中的铜器，这件泥范却完整无损，一定是还未被使用以铸器的范，这在遗址中是非常罕见的。此范的纹饰可看出是只一头两身的动物，脚爪各抓着一只身躯扭转的虫或蛇。战国时代常见尾巴分歧的龙纹，看来它像是自两只面对面夔龙的饕餮纹（兽面纹）变化出来的。

图1-3

长16.7～17.9厘米，山西侯马东周铸铜遗址出土，公元前5～公元前4世纪

图1-4
镂空夔纹青铜尊盘,有一尊一盘,尊置于盘内。通高41.6厘米,尊高33.1厘米,口宽25厘米,盘高24厘米,直径57.6厘米。两器皆失蜡法铸成,湖北随州市曾侯乙墓出土。构形非常繁缛,尊体有四只兽柱对接口沿与圈足。盘口沿有四方耳,底下四龙形支脚。战国早期,公元前4世纪。湖北省博物馆藏

炼铜工具与甲骨文"厚"字的关系

金属的发明使人类能制造更趁手、锐利的工具，大大提高生产力，从而改变社会的面貌，尤其是铁的普遍使用，才能开启今日高度发展的商业社会。

埃及在6000多年前已经知道加热把红铜从矿石中还原出来，然后用敲打的方法成形。先前中国由于考古资料少，曾经以为其镕铸技术学自西方。但中国古代制作铜器偏好用泥范，与西方主要用失蜡法铸造或敲打成形的特征是非常不同的。目前已有两个距今6000多年于仰韶遗址发现的残铜片，5000年前的马家窑文化也发现青铜刀，到了4000年前的龙山晚期，就有很多遗址发现冶炼的遗物了。

商代把铜液灌进型范以铸器的方式有两种：一种是炼炉流出的铜液直接注入地面上挖出的沟，沟中有烧红的木炭以保持铜液的热度，

设计独具巧思的熔铜坩埚

图1-5

高32厘米，口径22.8厘米，安阳出土。商晚期，公元前14~公元前11世纪。中国国家博物馆藏

让铜液很快流进放置在坑中的型范；另一种是用坩埚承受炼炉流出的铜液，搬运至坑旁，然后将坩埚中的铜液灌浇到坑中的型范里。第一种方式一座炼炉一次只能灌浇一件器物，而且要保持沟中铜液流畅也不太容易。所以铸铜遗址很少看到烧沟的痕迹，大都采用坩埚灌浇的方法。

坩埚的作用和一般陶容器没有不同，只是坩埚所盛装的刚从炼炉流出的铜液是高温及比重大的物质，故要制作得厚重才能耐火，防止破裂。目前发现的最早坩埚残片属夏代。完整的首见于商代。最初并无专为熔铜设计的坩埚或容器，只选取大口缸涂泥加厚以为应用，如河南郑州发现有灰陶大口尊及红陶大口缸，内壁都有烧流痕迹并黏附铜渣。

在积了相当的经验后，才改良出大口尖底如图1-5所示的专用熔铜坩埚。商代的坩埚，除去杂质，一个约容铜液12.7千克，加上本身的重量，总共超过20千克。为了让笨重的坩埚能更容易倾倒烫热的铜液进入坑中的型范，因此设计成上重下轻的尖底形式，才能不费太多力就把坩埚倾斜一边，如为平底的形式就较难操作，这是古人的智慧。厚薄的厚字就是利用其形制创造的，"厚"字的甲骨文及金文为𠫤，作一个大口细底的容器倚靠在某处之状。下轻而细的东西难于自己站立，故要倾斜倚靠他物。坩埚的壁远较一般容器的壁厚，从图1-6的剖面图，可知中部的器壁有多厚，故古人取之以表达厚度的概念。

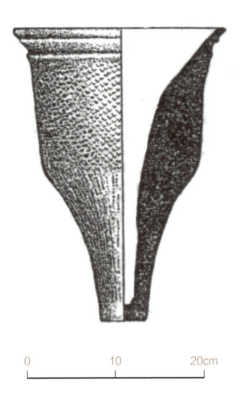

图1-6
熔铜坩埚剖面图

　　从图1-6可看出，在器腹上端有突出的一圈口沿。这道口沿的作用大致是让两个人用棍子一类的东西挟持着它搬运，才不至于滑掉。设计的重点是让细长的独脚站立地上以方便向一旁倾倒。从这个特点我们可推测，等待浇灌的型范应置于坑中而非地面上。因为如果型范置于地上，除了要把沉重的坩埚提离地面外，还要有第三个人钩起坩埚的独脚，才能将铜液注入型范中。这样做不但增加人力，也增加协调的困难。

厚 hòu = 厚

作一个大口细底的容器倚靠在某处之状。

是民生用具，
也是国之重器的鼎

鼎是形容有支脚的烧食器，不管其制作的材料是陶土、金属或玉石。陶鼎早在七八千年前就已在华北出现，是传统兼为烧煮饭与菜的器具。四千多年前另外设计了支脚而空足的鬲来烧饭后，鼎就成为专门烧菜肴的器具了。鼎本是家家户户都得用的器具，没有象征阶级的意义，但是到了青铜器时代，以铜铸鼎，并作为祭祀鬼神的高贵礼器，鼎就成了贵族才有财力制作的东西，也成为权位的象征。到了周代演变成一种随葬制度，以鼎与簋的数量为品级的标准，国君是九鼎八簋，诸侯及大夫则依次为七鼎六簋、五鼎四簋、三鼎二簋。

鼎在古代还有政治上的作用。传说夏禹治水有功，继舜而为王。诸侯贡献青铜铸成九座大鼎以象征当时所管辖的九州。这九座大鼎就成为国家的象征，改朝换代时也由新领袖来保管。当它们被传至周代时，《左传》记载：宣公三年，楚庄王有意要取代周而为中国的盟主，就向王室官员王孙满问这些宝鼎的大小轻重，显示其国力足以取代。到了汉代又造出传言，说秦始皇在泗水打捞此批传国的宝鼎，结果有龙出现咬断拉曳的绳子，使捞得的鼎再度失去，以应秦国传国不久的命运。

　　铜鼎尺寸和重量大小相差相当悬殊。迄今所见商代最大的铜鼎，现藏于中国国家博物馆，长方形，四足，高133厘米，长112厘米，宽79.2厘米而重832.84千克。但小的才10厘米高，重几百克。这么小的东西应当是非实用性的明器（冥器）。

　　当使用铜铸鼎时，由于重量比陶制重得多，器表也滚烫，不便空手提起，就在口沿上铸两只对称有孔洞的立耳，以便以竹、木的棍子穿过抬起。陶制鼎较轻，能轻易捧起，所以一般没有提耳。如果要求新奇，也想捏制提耳时，因陶器质料较脆弱，不便设在口沿上，就安置在两旁。有些较轻的鼎也采用此种型式以求变化。对称的提耳大致作方形与圆形两种。讲究的鼎耳装饰有复杂的图纹或形状，大部分商代的铜鼎都装饰有动物形象的图纹，或作侧面的全身形，或作正视的颜面形。但是图1-7这件鼎圆耳素面无饰，器身的主要部分是在细方回纹的背景上，施以宽边的联结己字纹。这是在后代较为多见，但在商代却很罕见的形式。口缘下的颈部才饰以晚商典型的侧身龙纹。陶鼎由于成形的方便多做成圆形，铜铸的倒是可以做成方形，故商代也有较少量的方鼎。陶鼎也有受此影响而塑造成方形的。总的来说，各种器类的方形数量较少，而且消失也较早。可能是方形器的角棱较易受碰触而毁损吧。

鼎　权威的象征

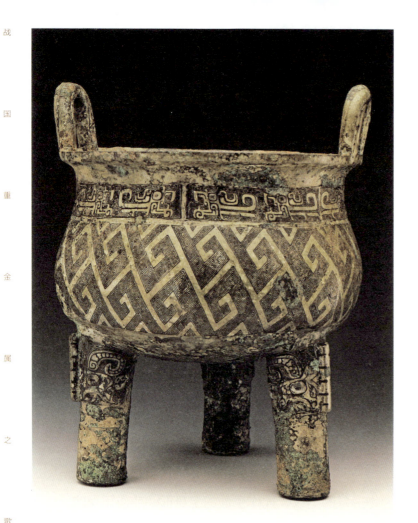

图1-7
青铜鼎，高33.9厘米，商，公元前13~公元前11世纪

　　早期的鼎都无盖子，春秋之后附盖子的铜鼎愈来愈多，这可能与鼎兼为陈列之器有关，基于卫生与保温的考虑。同时有些小鼎带盖与流以盛酱醋，是考究美味的表现。鼎在汉代之后消失，大致是因这个

图1-8

妇好铭饕餮纹青铜扁足方鼎,高42.4厘米,商晚期,公元前14~公元前11世纪

时代大量架设立体灶,鼎的支足成为多余,故又恢复8000年前的锅子形状。

家家户户的大事：
"彻"底把煮饭的
鬲洗干净

　　图1-9所示的鬲是自鼎分化出来的器形。鼎的足是实心的而鬲则为虚空的，或器身的下部有几个明显膨胀凸出的区隔。鼎本来兼为烧煮黍饭与菜肴，到了距今4000多年前，可能是为了节省薪柴的考虑，就把足做成虚空的袋足形式，足的部分也就可以受热煮食。这种形式的容器比较适合谷类的食物。中国古代的菜蔬都是以羹汤的方式处理，蔬菜要加上肉、鱼才会有味道，烧煮的时候要以匕匙时时搅拌，肉与菜才不会沉底而烧焦。如果器身的周围不平顺，搅拌的时候就会受到干扰，所以不便使用鬲状的容器，而要用比较圆的鼎去煮。谷粒因为细小，沸腾而翻滚的水使谷粒不致沉底，故不必以匕匙搅拌。甚至最后还要撤去柴火，盖上盖闷上一段时间，才会熟透好吃。煮饭是家家户户的日常活动，故遗址出土的数量非常多。在尺寸方面，鬲与鼎有

专门用来煮饭的鬲

青铜不凡,国之重器

图1-9

高16.7厘米,口径13.3厘米,河南郑州出土。商中期,约公元前14~公元前13世纪

点不同。鼎的大小相差颇悬殊，但鬲的容量差别却不大。可能用太大的锅煮饭时不易熟透，而羹汤则没有这种顾虑，只要时间够久就行了。也或者一般家庭的饭较有定量。

铜在商代是贵重的材料。以之铸造烧饭的鬲大概是为了祭祀的需求。商代的人信鬼神，认为得到了鬼神的保佑才能诸事顺利、生活无忧。比较不清楚的是，是祭祀的时候在现场以铜鬲煮饭呢？或是以铜鬲煮了饭再移到另外的容器上进行祭祀？图1-9这件铜鬲膨胀的器身上装饰了两条斜交的弦纹，颈部饰有一周小圆圈边框的阳起饕餮纹。口沿平而外伸，设一对圆边的立耳。此为该时期典型的形制。散聚不一的绿锈，为其增添了古意。

以鬲烧饭虽可节省薪柴，但清洗就比较费事。甲骨文的"尽"字：🖋，作一只手拿着一把有毛的刷子在清洗一件器皿之状，象征用刷子就可以完全清洗干净了。但是清洗鬲时，用刷子就不很有效了，因为刷子伸不进虚空的鬲足。就算能够伸进，也没有办法把饭清理出来。所以甲骨文的"彻"字：🖋，以一只指头扭曲的手在一件三个袋足的鬲之旁，意指要用弯曲的手指才能彻底把鬲里头的饭渣清洗干净。很可能鬲的消失，就和这个缺点有关。

4000多年前华北的文化区开始流行袋足的器物，其原因除了节省薪柴之外，实在想不出更好的理由。这种流行似乎到了商周之际起了变化。袋足的数量愈来愈少，袋足的高度也愈来愈短。就以鬲为例，商代的鬲，不管是陶塑或铜铸，脚里的虚空处与器身的底总有相当的差距，这可能就是不便清洗的原因。入周以后，袋足里的空间愈来愈小，如图1-10，有的几乎变成实足而与器底齐平，只有在器身显出一点膨胀的"区隔"。如此一来，器形就介于鼎与鬲之间而有"鬲鼎"的名称。鬲在汉代之后消失的原因也和鼎一样，立体竖灶的架构，使支足成为多余，连带三个膨胀的器身也无所作用了。

图1-10
卫夫人（变形兽面纹）铜鬲。通高10.6厘米，口径16.3厘米，西周晚期，公元前9～公元前8世纪。南京博物院藏

图1-11

弦纹青铜鬲,高50.7厘米,有多次修补痕迹,商中期,约公元前16~公元前14世纪

图1-12

青铜鬲,高18.2厘米,商晚期,约公元前14~公元前11世纪

尽 jìn = 盡

作一只手拿着一把有毛的刷子在清洗一件器皿之状,象征用刷子就可以完全清洗干净了。

彻 chè = 徹

以一只指头扭曲的手在一件三个袋足的鬲之旁,意指要用弯曲的手指才能彻底把鬲里头的饭渣清洗干净。

甲骨文中暗藏的刑法制度

图1-13这件器物的造型很特别，器身为深腹圆角方形，身下中空方形器座为烧柴火之处，正面有两扇门，右扇门扉上有一个右脚受过刖刑的守门人形象，两扇门上有栓可以开合。这件器物的功能为烧煮食物是绝对没有问题的。一般是下面有几条支足，圆的器三足，方的四足。足为实体的叫鼎，呈袋形的叫鬲。这件的器足部分是封闭的，故称之为鬲。

这件铜器的装饰主题反映了中国古代的刑法制度。甲骨文的"刖"字：，作一手持锯锯掉一人脚胫的样子。商代的甲骨刻辞，曾有向一百人动用刖刑的卜问。《左传》记齐景公时太多人受刖刑，以致在市场之中，鞋子贱而义足贵的反常现象。刖刑在周代是五刑之

永镇器身的刖足守门人

图1-13

刖足鬲，高13.5厘米，口长11.2厘米，宽9.2厘米，西周晚期，公元前9～公元前8世纪

一。根据《尚书·吕刑》，违犯刺墨之刑的有一千条文，割鼻之刑一千条，断脚之刑五百条，去势之刑三百条，死刑二百条。条文之繁缛，令人不寒而栗。其实，从文字的创制可知，五刑之外古代还有刺瞎眼睛之刑。甲骨文的"臧"字：𢦏，作一竖立的眼睛被戈刺割之状。瞎了一只眼睛的俘虏没有太大的反抗能力，只好顺从主人旨意。对主人来说，顺从是奴隶的美德，故臧有臣仆和良善两种含义。"眢"字：𥄎，以眼睛与挖眼的工具表意，受刑后独眼的视力较差，故含义是目无明也。甲骨文的"民"字：𠄨，则作一只眼睛被针所刺瞎之状。民的含义本是犯罪的人，后来才被转为称呼平民大众。周代金文的"童"字：𥫗，作一只眼睛被刺纹之刀所刺瞎，及一声符"东"。不知是因刺瞎眼睛的刑罚太过残酷，还是另有其他的缺点，以后就废止了。

人必须过团体的生活，才能与动物、植物争夺自然的资源。于是期望大家都遵循一定的生活习惯和准则，违法的人就要接受处罚，以确保社会安宁，不生纠纷。初时的惩罚可能只是剥夺参加某种活动的权利，和少许的肉体痛苦，很少想到要伤害犯错者身体使其产生不能消失的肉体创伤。

随着社会进步，组织扩大，法规也就愈加繁杂，规制愈严厉。尤其是生产效率提高后，有余力以满足他人的需求。于是逐渐产生强迫他人从事生产、创造财富的念头。人们就想出了像刖足这种永久性肉体创伤，可以不妨害工作太多，但又能降低反抗能力。对罪犯来说是种警戒与宽恕，若以之展示于公众之前，又可收震慑之效。《汉书·刑法志》说："禹承尧舜之后，自以德衰而制肉刑，汤武顺而行之者，以俗薄于唐虞故也。"夏禹时代的龙山文化，墓葬就发现有受过截脚之刑的人，具体反映社会规制的加强。它说明国家的建立与严厉刑法的推行有连带的关系，是社会演进的必然趋势，与风俗的厚薄无关。

图1-14
伯邦父青铜鬲，通高12厘米，口18.5厘米，周晚期，公元前9～公元前8世纪

| 刖 | = 刖
yuè

作一手持锯锯掉一人脚胫的样子。

| 臧 | = 臧
zāng

作一竖立的眼睛被戈刺割之状。

| 䀗 | = 䀗
yuān

以眼睛与挖眼的工具表意，受刑后独眼的视力较差，故含义是目无明也。

民 = 民
mín

作一只眼睛被针所刺瞎之状。民的含义本是犯罪的人,后来才被转为以之称呼平民大众。

童 = 童
tóng

作一只眼睛被刺纹之刀所刺瞎,及一声符「东」。

记载了武王克商史实的簋

簋是种圆形深腹圈足的盛食器,是各民族常见的器形。但是到了西周初期,在腹两侧加了耳,有时是四耳,耳下又再加上垂珥,就成为中国独有的器形了。像图1-15这一件,在圈足下又加了一个方座,更是西周早中期特有的形制。商代的簋无盖,常无耳。周代晚期就经常有盖。

此簋腹部和方座都以云雷纹为地,装饰标准兽面纹或所谓的饕餮纹。眼睛、眉毛、鼻子、下巴都表现得很清楚,额前加饰小兽首。圈

战争胜利的证明
利簋

图1-15

饕餮纹双耳垂珥方座青铜利簋,通座高28厘米,口径22厘米,陕西临潼出土,西周初期,约公元前11世纪。中国国家博物馆藏

足也以云雷纹为地，饰相对的夔龙纹。两耳下有垂珥，上有兽首。器形并不十分特出，铸造的质量似乎也不是非常精致，但因其铭文涉及商周时代的大事，故非常著名。

在器内底部铸有4行33字铭①：

武王征商，唯甲子朝岁贞，克闻（昏）夙有商。辛未王在阑堆，赐右史利金，用作檀公宝尊彝。

图1-16
利簋的铭文

① 关于铭文字数，亦有32字之说；铭文文字仍存争议。——编者注

学者对于这件铭文"岁贞"的意义有不少异议。如果以之与商代的甲骨文刻辞比较，其意义当可了解。《甲骨文合集·二六○九六号》作"丙午卜，出贞：岁卜有求，亡延？"意思是，卜问一年运势的结果是有灾难的，不会延续下去是吗？贞和卜的意义都是通过占问的手段求问一事的解答，岁贞即岁卜。因此铜器的铭文可以翻译成：

武王征讨商国时，于甲子日的早上占问一年的运势，答案是早晚之间就可以拥有商国。辛未日武王来到阑堆，以铜料赏赐右史利，利用它铸造纪念檀公的宝贵祭祀彝器。

《尚书·牧誓》记载周武王在甲子这一天的早上开始讨伐商纣的行动。但是没有其他更可靠的文献能证实这个重要的日子。这一天的干支对很多历史年代的推定有重大的影响，所以确定这一天的日子是非常重要的。这件铜器叙述甲子日讨伐商纣之后的第七天辛未，武王就到了阑堆并举行庆功赏赐，大致以战场获得的铜器送给有功的利。战国时候传说，甲子日的当天就完全打败商朝军队而结束战事，看来可信度相当高，才会在如此短的时间内有行赏的动作。

这件铜器也补充了一些信息。商代在进行战争的准备时，常会占问战事是否会成功、向哪位祖先祈求保佑、派遣哪位将军指挥、征调多少人马等事项。此簋谈讨伐商纣之大事，竟只写占问吉凶一事，可见起码周人在早期时，与商人同样注重事前的占卜预示。也有可能就是利的职位太低，不足参与重要的决策，只获悉最重要的短时间内克商的结论。西周的铜器虽多，能够确定铸造年代的例子并不多。此器既可确定是距离周武王时代不久的作品,就可根据其器形、花纹、书体等特征对有同样特征的铜器加以断代,而断代是从事进一步研究的基础,故成为重要的文物。

图1-17

青铜簋,高14.3厘米,口径20.7厘米,商晚期,约公元前14~公元前11世纪

图1-18

青铜簋,高14.3厘米,口径15.5厘米,商晚期,约公元前14~公元前11世纪

图1-19
青铜簋，高11.7厘米，口16.9厘米，商晚期，约公元前14～公元前11世纪

图1-20
方座青铜簋，高59厘米，口径43厘米，西周，约公元前11～公元前8世纪。陕西省扶风县博物馆藏

图1-21
青铜簋，通高20.3厘米，周早期，公元前11～公元前10世纪

图1-22
青铜簋，通高22.8厘米，口20.3厘米，周早期，公元前11～公元前10世纪

贵族应有的吃饭礼仪，就从"卿"字来展现

豆是中国古代进食用的器具，基本造型是有高柄足的深腹圆盘。它是为了配合跪坐的习俗而设计的。豆在中国新石器时代，比较是东方系的器物，起码可以追溯到4000年前，以陶制为主，应该还有很多竹、木等材料，但都腐化不见了。到了商代，开始有以铜铸，但是数量不多。

图1-23这件铜豆，通体装饰错金的勾连几何形花纹，而且打磨光亮，器内口沿则镶嵌绿松石。在战国时代，黄金和绿松石都是贵重的材料，这件铜豆应该是高等贵族才能享用的器物。豆起先无盖，到了战国，高级的铜豆就普遍有盖。这个铜豆的盖子可倒置而另成一件容器，纽就成为足。柄足的底部是平的，有些则为透空。有的还在器身

毋放饭、毋反鱼肉、毋投与狗骨

盖豆

图1-23

青铜盖豆，高23.5厘米，东周，约公元前400～公元前300年。加拿大皇家安大略博物馆藏

图1-24

青铜豆，高10.2厘米，口径19.8厘米，商晚期，公元前14～公元前11世纪

近口沿处设两个环耳以便提拿。

豆之为进食之器，不但文献有征，《诗经·小雅·宾之初筵》有"宾之初筵，左右秩秩。笾豆有楚，肴核维旅。酒既和旨，饮酒孔偕。"意思是宾客开始就席，左右揖拜很有秩序。笾豆很鲜明，菜肴很丰盛。酒温和而甘醇，饮的人都很尽兴。食器只提及豆。战国铜器上的宴饮图纹，也以豆表示进食。商代甲骨文的"豆"字：豆，作无盖之豆形，不少字以之构形，如"卿"字：卿，就作两人跪坐面对面隔着一件堆满食物的豆进食之状。那是贵族应有的饮食礼节，故用以表达卿士、飨宴、面向等意义。

贵族们非常重视礼节。这些贵族才用得起的错金银、镶嵌绿松石铜豆，或刻镂涂绘朱黑色的漆木豆，都配有盖子。其主要的功用可能不在于保持食物的温热，而是与当时的饮食礼仪有关。先秦文献谈及宴会时有傲气、不愉气、失位、失坐、失态等种种失礼的行为，用食时的仪态也相当讲究。甲骨文的"次"字：次，作一跪坐的人张口而有东西溅出口外之状。《论语·乡党》有"食不语"之句。想来"次"字表现吃饭时说话，以致唾沫或饭屑喷出口外。这是不被嘉许的行为，故有次等的含义。

《礼记·曲礼上》提到毋放饭（打算入口的饭不要放回食器）、毋咤食（咀嚼时不要发出声响）、毋啮骨（不要啃骨头）、毋反鱼肉（吃过的鱼肉不要放回去）、毋投与狗骨（不要把骨头投给狗啃）、毋固获（不要专吃某样东西）、毋扬饭（不要挑起饭粒以散热气）、

图1-25
彩绘漆有把盖豆,高24.3厘米,湖北随州曾侯乙墓出土,战国早期,公元前5~公元前4世纪。湖北省博物馆藏

毋刺齿(进食时不要剔牙齿)、毋絮羹(不要自行调和羹的味道)等很多饮食礼仪的守则。要做到毋放饭、毋反鱼肉、毋投与狗骨,就要有容器暂时盛放吃剩的渣余。豆的盖子设计成容器的形式,很可能就是为了放渣余用的。商代卿士虽然讲求对坐进食的礼节,但铜豆也不见有盖子,想来还没有讲究到这种地步。

图1-26

髹漆蟠螭纹青铜盖豆，高41.5厘米，口径35.3厘米，腹围118厘米，约公元前550年。附耳，有盖，座上无镂孔。河南博物院藏

图1-27

镶嵌黄金勾连纹青铜短足盖豆，高24厘米，口径16.2厘米，战国，公元前476～公元前221年。此豆分为上下两部分。上部为器盖，下部为豆，将豆盖拿下后反置，则又自成一器。湖南省博物馆藏

图1-28

错金青铜盖豆，高19厘米，口径17厘米，战国，公元前476～公元前221年。山西省文物局藏

图1-29

青铜豆，高50.2厘米，腹径18厘米，底径14厘米，战国早期，约公元前5世纪

豆 dòu = 豆 豆 豆

作无盖之豆形。

卿 qīng = 卿

作两人跪坐面对面隔着一件堆满食物的豆进食之状。

次 cì = 次

作一跪坐的人张口而有东西溅出口外之状。《论语·乡党》有「食不语」之句。想来「次」字表现吃饭时说话，以致唾沫或饭屑喷出口外。这是不被嘉许的行为，故有次等的含义。

最诚恳的待客之道，请用觥洗手

图1-30这种有流而如舟形的容器，都带有动物头形的盖子，其铭文从来没有确切说明自身器名。起初学者以其器形与自名为"匜"的一种青铜器非常相近，故名之为匜。但之后可能因有的铭文自称为"尊彝"，认为其可能是祭祀时的盛酒器，而不是盥洗器，在《经诗·周南·卷耳》有"我姑酌彼兕觥"之句，故现在学界就通称之为觥。

这件有觥的典型形制，器口一端有斜伸的宽流，另一端为圈孔的把手，容器本体的剖面为椭圆形，下有圈足。别形或为直鋬[①]，或无鋬，足或作方形，或支脚。此器盖的前端作鹿头形，其两角作平行的肉茎状，是长角脱落后的形象，大致是古代中国广大区域常见的

[①] 鋬：器物侧边供手提拿的部分。

鹿头盖青铜觥
是酒器？或是盛水器？

图1-30

鹿头盖青铜觥，高20.3厘米，长26.5厘米，商晚期，约公元前13～公元前11世纪。加拿大皇家安大略博物馆藏

梅氏麋鹿。盖子的后端有两个高突的半圆形耳朵，推测其装饰的形象是老虎。

觥的特点是器身密布花纹，这个觥也不例外，其器身的主要纹饰是一组非常罕见的花纹。兽面或饕餮纹是商代常见的纹饰，可以看成是由两只侧面的动物组成。组成的动物以虎、牛最为常见，但此件却以侧身的象与梅氏麋鹿的耳朵和角茎构成。构形非常巧妙而有创意。

以几种动物的特殊形象来组合成另一虚拟的动物形象,可以说是觥形器的一大特色。

从形制看,觥有宽流,毫无疑问是为了倾倒液态东西而设,但可能是水而非一般所认为的酒。甲骨文有一个字,作一个有鋬的曲形容器倾倒液体进入另一个盘皿之状: ,此器或以双手操作: 。从字形看,明显就是"觥"的写生。铜觥经常重七八千克,不用双手就难以把握,也符合字形作双手的必要。商代不以盘皿饮酒,故倾倒进的应该是水。

商代酒器种类繁多,有流的爵与盉数量已非常多,而盘却没有与之相配使用的水器。中国在汉代以前,用手进食,并不以筷子,故吃饭之前最好先洗手。《仪礼·公食大夫礼》在安排宴客的器具时,

图1-31
铜匜高13.4厘米,口长19.4厘米,宽18.10厘米,盘高12.8厘米,口径41.6厘米,战国早期,约公元前5世纪

"小臣具盘匜,在东堂下",也要陈设盥洗的匜与盘。《礼记·内则》更叙述其操作为"进盥,少者奉盘,长者奉水,请沃盥,盥卒,授巾。"年轻人双手捧着盘,年长的人双手持匜倒水,请客人洗手,然后又奉上手巾擦干。这是最诚恳的待客之道。

出土文物也有盘与匜成套放置的,如图1-31的战国早期曾侯乙墓中的匜与盘。匜的铭文也有"为姜乘盘匜"的字句。显然盘与匜配套使用由来已久。商代晚期铜盘的数量不少,不应没有与之配套的盛水器。除了没有盖子,匜与觥器形相同。没有盖子并不影响倒水的动作,有盖子反而是个累赘,很可能这就是后来匜都不铸盖子的主要原因。

有人认为觥也使用于祭祀的场面,故不会是盥洗之器。这个理由恐怕不够有力。鬼神是人所创造的,反映人世间的价值和习惯。

图1-32

异形动物形青铜觥,通高36厘米,长46.5厘米,重8.5千克,可能是牛首羊角的复合动物,而且身上饰有鸟翼、四脚,因有活盖、流与把手,故不名尊。有"司母辛"三字铭,商晚期,公元前14~公元前11世纪。中国社会科学院考古研究所藏

人既然用手吃饭，饭前要洗手，鬼神应该也不例外。记得台湾地区民间供奉某些女性的神，如床头娘娘、七夕娘娘等，除一般的食品外，还要陈放毛巾、水盆及胭脂等。可见盥洗之具也非绝不能出现于敬神的场合。战国以后贵族逐渐不再施行沃盥的礼节，汉代又流行使用筷子，故配套使用的匜与盘就渐渐消失了。

图1-33

龙形青铜觥，商，长43厘米，宽13.4厘米，山西石楼出土

图1-34

青铜觥,高23.5厘米,商晚期,公元前14~公元前11世纪

图1-35

青铜觥,高14厘米,长19厘米,商晚期,公元前14~公元前11世纪

图1-36

旟觥,通高28.7厘米,长36.5厘米,重7.55千克,周康王,约公元前10世纪。这是一件盛酒器。器、盖各有铭文四十字,大意是:十九年五月中周王在斥,戊子这一天,王命令旟去向相侯传达命令,赏赐给他土地、青铜和奴隶。陕西周原博物馆藏

为什么甲骨文的动物字，都窄窄长长的？

图1-37中铜器的形状，直口，外伸平沿，短颈、高肩、鼓腹、平底，器腹饰四环耳两两相对，盖上也有同式的四环耳。它和另一种盛酒器壶的不同之处，在于壶的外鼓部分是身的下半，而缶（fǒu）则为上半。缶的基本器形同于罍（léi），但罍为早期的名称，以缶命名酒器似乎是春秋以来才有的，但缶字已见于商代的甲骨文。此器造型古朴典雅，器表打磨得漆黑光亮，显示了铸造工艺的精湛。

此器在颈至腹部有错金的40字铭文，为目前所知最早错金铭的例子。译成今文为："正月季春，元日己丑，余畜孙书也，择其吉金，以作铸缶，以祭我皇祖，余以祈眉寿，栾书之子孙万世是宝。"

由于此器是栾书所铸，故习惯称此为栾书缶。栾书在《春秋》中又被称栾武子或栾伯，为晋之大夫，曾有伐郑、败齐、败楚的功绩，死于鲁成公十八年（公元前573年）。

栾书缶 —— 特立独行的书写方向

青铜不凡,国之重器

图1-37
通高40.5厘米,口径16.5厘米,春秋中期,公元前7~公元前6世纪。中国国家博物馆藏

　　此器不寻常处在于其铭文的行列由左而右,有违自商代以来由右而左的常规。西方的书写习惯一般是先左右横行,然后再由上而下。多数的人用右手书写,西方的书写习惯是较合理的。中国之所以形成先上下而后由右而左的独特书写习惯,经过考察,应该可以说是因为受到中国古代书写材料,也就是单行竹简的影响。

商代虽然尚不见竹简的出土，但《尚书·多士》有"惟殷先人，有典有册"之句。典与册都是用竹简编成的书册。甲骨文的"册"字：𠕋，作许多根长短不齐的竹简，用绳索编缀在一起而成为书册的样子。"典"字：𠔼，则用以表示重要的典籍，不是日常的记录，故表现出恭敬地以双手捧着典册的模样。

竹子当书写的材料，有价廉、易于制作，以及耐用等多种好处。写字时，左手拿着竹片，右手持笔。写完后以左手安放竹片，因习惯或方便便由右至左一一排列，故而成为中国特有的书写习惯。因此，字的结构也自然往窄长的方向发展。字的组合也尽量以上下叠置的方式来避免横向的舒展。以致连有宽长身子的动物，也不得不转向，让它们头朝上，四足悬空，尾巴在底下，成为窄长的形式，如象（𧰼）、虎（虎）、马（馬）、豕（豕）、犬（犬）等字都是。

图1-38

青铜缶（右），高41.5厘米。缶的时代都是东周，少纹饰。此与图中壶、勺可能同墓，因地下条件，呈蓝色，非常艳丽，与一般青铜器初铸或受沁后的颜色很不同。推测为楚国文物，约公元前550～公元前400年

图1-39

青铜缶，高38.5厘米，口15.5厘米，春秋晚期，公元前6～公元前5世纪

图1-40

青铜罍，高43.5厘米，口径18.6厘米，商晚期，公元前14～公元前11世纪。罍形制较缶大

册 cè ＝册

作许多根长短不齐的竹简，用绳索编缀在一起而成为书册的样子。

典 diǎn ＝典

用以表示重要的典籍，不是日常的记录，故表现出恭敬地以双手捧着典册的模样。

象 xiàng ＝象

动物名。

| 马 mǎ = 馬 | 动物名。

| 犬 quǎn = 犬 | 动物名。

古装剧中常出现的爵,到底该怎么使用?

爵是我们称呼图1-41所示的这种特定形式的酒器名称。甲骨文"爵"的字形:㿟 㿟 㿟 㿟 㿟,虽有多样,但主要都在表现此种容器的几个特征:有流,流上有柱;空腹,腹旁有耳或把手,腹下有支脚。

爵的形状很不规整,虽然新石器时代已见有流的陶器,但爵应该比较不会是模仿用转轮成形的日常陶器形。换句话说,它能被广泛使用比较可能是基于某种要先塑造模型的特别需要。爵的成形与铸造,要比觚或尊等规整圆筒形的酒器困难得多。觚或尊的外范只要三块就可以成形,而没有柱的爵就需要八九块,有柱的还得再多加上两块范。从铸造技术的层次看,爵是种复杂的器形,要求的技巧高,应是容器中较晚发展的器形。但是根据目前地下发掘的材料,爵可以说几乎就是在能铸造立体的容器之后,马上就被铸造的东西。

爵作为酒器的造型,有不少部位并没有实用上的需要。像图1-41中的这一件,流细而长。如果是为了要把酒倒进嘴里而设计的,不太

图1-41

青铜爵,高20.7厘米,河南偃师二里头出土。商早期,公元前1700~公元前1500年

雀鸟之形的爵

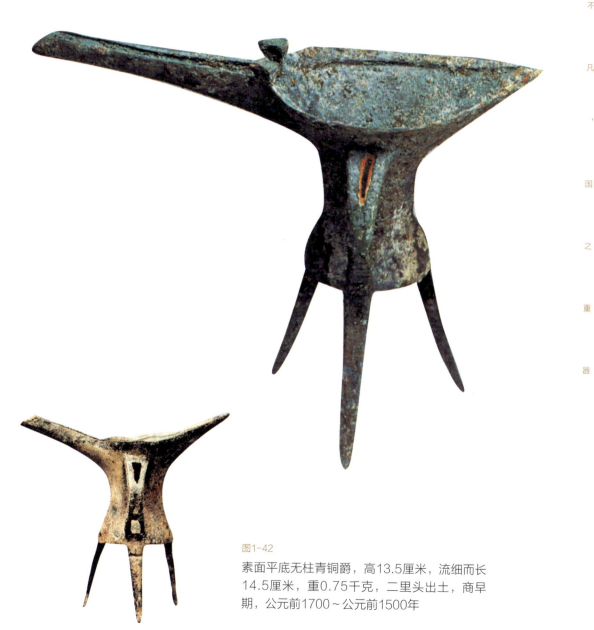

图1-42

素面平底无柱青铜爵,高13.5厘米,流细而长14.5厘米,重0.75千克,二里头出土,商早期,公元前1700~公元前1500年

实用。因为长流不容易控制酒的流量，比起没有流的觚、觯（zhì）等饮器，使用起来都要麻烦得多。为了与长流取得平衡，还要铸成长尾的样子，以致整个形象，上大下小，显得不太顺眼。所以到了商晚期，就见不到这种不成比例的流与尾。从这种原始的爵形来推论，爵是为了把液体倒进另一容器，而不是为倒进嘴里设计的。

　　流上的两个立柱，好像也没有实用上的必要，但却会增加很多铸造上的麻烦和费用，且也不方便安放盖子，故有盖子的爵可说不到百分之一。立柱是在出现了爵之后，就立刻出现的形式。很难解释那只是装饰，而没有使用或铸造上的要求。它很可能是当时人们基于某种信仰，特意铸造出这种不见于其他任何文化的异常形状。爵字的另一意义是雀鸟。虽可解释为起于同音上的假借，但爵的形象确实像极了许慎《说文解字》所解释的雀鸟之形。商朝有其始祖为吞玄鸟之卵而生的传说，鸟图腾是东方氏族的共同信仰，商也是发源于东方的氏族。它们之间应该有某些关联。

　　从爵腹下有三个高支脚，并且在出土时不少爵的腹部下有烟炱痕，可以推知爵是温酒器。而酒是商人祭祀最重要的物品，商人也喜欢饮酒，随葬可以没有食器，但不能没有酒器。商代有出土青铜器的墓葬，爵与觚经常相伴出土。大概是以爵温酒后再倾倒入觚中饮用。很可能铜爵受火烧烤后太烫热，不便用手把它从火上移开，因此铸成流上有两立柱，以便用布提起。后来立柱被铸成下平的半圆锥形，也许是为了便于用竹箸挟持。或有可能是为滤酒时不让香茅移动而设的。不过，商爵铸有立柱的真正原因，恐怕永远是个不解的谜了。

爵 jué = 爵

主要都在表现此种容器的几个特征：有流，流上有柱；空腹，腹旁有耳或把手，腹下有支脚。

以"爵"位加之于人的含义

图1-43中三件爵表现出商代铜爵形态演变的三个过程，也表现铸造技术的进步。图中左边，最小的一件，年代最早，属商代早期。器身曲折而底平，器胎薄，器身在颈与腹部各装饰一圈浮线的兽面纹，流上立柱作平底的扁圆锥状。中间的一件，年代属晚商，器身已不见曲折，形成延续的曲线。纹饰几乎布满全身，一圈圈的纹饰没有分隔。纹饰的主题是兽面纹，通称饕餮纹。长流下是一对面对面的蜿蜒蜷曲龙纹。立柱作平底的半圆锥状。最右边最高大的一件代表商代最晚的阶段。器身虽也作延续的曲线，但有厚的鳍脊与线轴式的支柱。

在商代的墓葬中，爵与觚配对，几乎是礼仪所必需，故出土数量可能上万，其中不少是陶或铅的制品。从发掘及传世品来看，商代的爵都很小，依汉代的注释，爵容一升，约是今日升的五分之一。早商的爵显然还达不到这个容量。商代的酒，酒精度很低，爵的容量不足作为宴席中宾主尽欢的酒器。比较可能是为了礼仪的需要，只加温或过滤少量的酒，以之倾倒入他人的酒杯，作为敬酒的方式。如要尽情

铜爵的演变

爵的型制

图1-43
最高25.7厘米,商,公元前16~公元前11世纪。加拿大皇家安大略博物馆藏

地饮酒,就得使用觚或其他容器了。

爵字在商代已使用为以爵位加于人的含义。大概以爵向人敬酒要具有一定的身份。加人以爵位时,大概也要以爵赐饮。爵是作为贵族必备的器具,故在商代的墓葬,较为丰盛者都有铜爵或陶爵随葬。因此爵较之其他铜器具有特殊的地位。如《左传·庄公二十一年》记

载,"郑伯之享王也,王以后之鞶鉴予之。虢公请器,王予之爵。郑伯由是始恶于王。"显然鉴(镜子)在社会意义的价值上要较爵差,故郑伯觉得颜面受损,心生怨恨,后来加以报复。

西周时,为了纠正商代耽酒风气,墓葬渐重食器。但酒为祭祀和礼仪所不可少的,故西周早期也出了不少铜爵,但以后就几乎不再铸造了。然而先秦的文献也提到以爵饮酒,如《诗经·小雅·宾之初筵》:"酌彼康爵,以奏尔时。"在一个西周遗址发现一个自铭为爵,但考古学者称之为"瓒"的有长把的圆筒形铜器。因此我们可得知西周中期以后,不再铸造商人名之为爵的酒器,但是它的名称已被移用至其他形状的行礼用酒器了。

西周礼仪用具的形状大都承继商代,虽然贵族受商文化的影响也使用铜爵,但使用不多,持续不久。而先周文化也不见民间使用广见于商人墓葬的陶爵。应不是周代的爵改为木雕,以致腐朽于地下的缘故。也许是周的始祖为履大人之迹所生,没有鸟的信仰,不必把酒器铸成礼仪或信仰所需的复杂形状,故改用形体合理且易于制作的筒形杯子。倒是战国时楚墓有凤鸟形漆杯的酒器出土,不知与商代的信仰是否有关系?宋代以后慕古之风兴起,加以古代的铜器屡有出土,文人雅士方能使工匠依之以各种材料制作,以为摆设、观赏或礼仪行用。

图1-44

青铜角,高21厘米,口长11.5厘米,夏晚期,公元前18~公元前16世纪

图1-45

饕餮纹平底青铜爵,高17.6厘米,商早期,公元前1600~公元前1400年

图1-46

有柄青铜爵,高7厘米,通长17.2厘米,周中晚期,公元前10~公元前8世纪

与滤酒的方法有关的"莤"字

图1-47中的这件酒壶在壶身装饰着五道环绕又密集的相互纠缠的龙纹，中间以凹下的环带相隔。螭为龙之一种，这件铜器上的龙已被简省成弯曲的窄条及逗点形，几乎认不出其真相。这是从许多东周彝器上相互纠缠的虬龙纹高度省化的结果。它的变化从大块清楚的龙纹开始，随着时间的进行，龙的尺寸被缩小，形式也简化到抽象的程度。仔细检验其上的纹饰，可以发现有两个单位间隔出现，而且区分显明，明确表现为以方块的动物兽面纹连续在泥范上压印而成，朝铜器铸造过程的快速化迈出一步。

图1-47这件酒壶被称为令狐君嗣子铜壶，因为壶颈上有50个字的铭文，说明铸器的人是令狐君嗣子。学界有以铸器之人命名铜器的习惯。另有一件相同样式而略小的铜壶，现藏中国国家博物馆，相传都出土于河南洛阳附近金村的古墓。其铭文为：

唯十年四月吉日，命瓜君嗣子乍铸尊壶，柬柬兽兽，康乐我家。迟迟康叔，承受屯德，祈无疆至于万亿年，子之子，孙之孙，其永用之。

精心滤酒
以献神灵

青铜不凡,国之重器

图1-47

高47.4厘米,东周,公元前5世纪。加拿大皇家安大略博物馆藏

这段铭文的意思是希望他的家族能康乐，长官康叔能受厚德，共同持续至亿万年之久。命瓜应读为令狐，地在今日山西西南部临猗县附近。战国初晋封其大夫于此，在公元前403年以前，与洛阳金村同属晋的领域。

这件铜壶和其他铜壶的不同之处在于其盖子，不但有六片向外伸出的透雕莲瓣，而且盖子的顶部是透空的。盖子是为了防止酒的醇味逸散而设，如果是透空的，就失去其制作的意义了。同样的设计也见于图1-48的莲鹤方壶，莲瓣中间虽装饰一只立鹤，但它是可以拿掉的活动盖子，意义与此透空的盖子一样，因此一定有其共同的特殊用途。

中国的酒是用谷物酿造的，含有渣滓，把渣滓滤掉才是比较高级的清酒。祭祀要用清酒，甚至是带香味的，才够表达虔敬的心情。《左传·鲁僖公四年》记载管仲数说楚的罪状，就有"尔贡苞茅不入，王祭不供，无以缩酒。"缩酒就是过滤酒，过滤时需要使用香茅，楚国疏忽职守，没有向王室进贡好酒，故齐国要主持公道。

甲骨文的"茜"（sù）字：，作两手拿一束草茅在一个酒壶之旁，充分说明使用香茅滤酒之意。滤酒时先把草放在酒壶上然后倒上酒，酒就从草间滴入壶中，不但把渣滓滤下来，还可沾染香草的味道。如果没有东西把草卡住，草就可能移动而有空隙，使得渣滓掉进壶中而影响酒的质量，故伸出的莲瓣是为了把草卡住而设的，这就是为什么壶盖要透空以及有多个莲瓣的道理。商代没有这种形式的壶，

图1-48

莲鹤方壶,高118厘米,口径24.9厘米×30.5厘米,春秋中期,约公元前6世纪

但有滤酒的必要。到底使用什么器物滤酒呢？口沿有两个支柱的爵与斝，大家都猜不透支柱的用途，我怀疑其作用就像此壶的莲瓣，设计的目的就在固定住滤酒的茅草。

图1-49

装酒彝器，壶。高39厘米，商代，公元前13～公元前11世纪。有六道纹带铜壶的发掘品不多，大部分是五道或少些。所以它是商晚期相当有代表性的铜壶

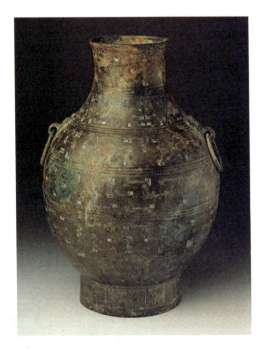

图1-50

酒彝器，壶。青铜镶嵌红铜与绿松石。高34.8厘米。东周，公元前5世纪

茜 sù = 茜

两手拿一束草茅在一个酒壶之旁,充分说明使用香茅滤酒之意。

甲骨文的"享"字，来源于豪华建筑？

图1-51中这种长方形的盛酒器叫方彝。基本的形状取自商代的一座高级建筑物形。存世的也偶有两座并联的例子，如图1-52。有些器内分隔成两部分，有如两个房间，可以分装不同的液体。其尺寸颇不一致，小的连盖子才十几厘米高，重一千克多。大的高六七十厘米，重七十几千克。

方彝不像其他的青铜彝器源自新石器时代已有的陶器形制，是商代首见的，可能反映当时才有的建筑成就。以图1-51的这一件为例，它有很浓厚的建筑模型味道。器身四方，环周有八道脊棱，代表竖立的木柱子。梯形的盖子代表四坡的檐顶。屋顶形的纽应是通气孔上的遮盖装置。中央有凹洞的短足则是表现夯土的平台基础。

此方彝器身以方回纹为背景，主题装饰是中央的浮雕兽面或饕餮纹。其上以窄横条隔开，作龙与鸟的合体纹。其下的夯土平台则是双回首龙纹。器盖上的饕餮纹看起来被倒放了，但却不是个别的例子，

反映商代建筑风格 彝

图1-51
高25.2厘米,商,公元前12~公元前11世纪。加拿大皇家安大略博物馆藏

图1-52
青铜偶方彝,高60厘米,口长88.2厘米×17.5厘米,安阳妇好墓出土。商晚期,公元前14~公元前11世纪

可能与画面的上窄下宽形状有关，纹饰作鸟形时是正立的。

方彝提供商代建筑的实例，证实甲骨文的"享"字：，作斜檐的建筑物立在高出地面的土台上之状，是真实的描写。此字有享祀的意义，应是来源于它是一种祭祀鬼神的庙堂建筑，而不是一般的家屋。祭祀在古代是国家最重要的施政大事，祭祀的场所也往往是施政的地方。当然会不惜工本，用最费工的夯筑法修建。

3000年前商王国的主要活动区域是华北。华北冬季寒冷多风，一般住家采半地下穴式，有冬暖夏凉之效。夯土台基的建筑是贵族才有办法享有的。以下介绍商代权贵者所可能达到的豪华程度。

单座的基址残迹有超过1200平方米的。台基是先挖土坑深约一米半，填以纯净的黄土再夯打，使坚实不透水。台基有时高出地面数米。为使木柱牢固而不下陷，木柱垫以石或铜础以加强其支承力。柱间的墙以草泥合拌筑成，或用夯筑。遗存土墙有高达二米半者，想见其高敞。墙内外表层还敷以石灰使光滑，并可彩绘图案。

甲骨文的"宣"字：，作屋子里有回旋图案的装饰状。商代遗址发现不少多彩的雕漆木板，想来也应用于木柱、门框等处。到了汉代，"宣室"仍为天子居室的代名词。陕西周原西周初期建筑遗址有可以钉在土墙上以防雨淋的砖板，也许晚商也已有此种设施。地下埋有陶下水管以排泄雨水，还有以石板和卵石铺成的石路以利行走。

屋顶结构虽颇为复杂，但只铺盖芦苇一类的草泥，再加一层用细砂、石灰、黄土搅拌的三合土做面，以防雨水的侵蚀。甚至有房间超过十个,并有庑廊围墙,自成院落,不受外界干扰。其殿堂四面有数目不等的台阶。墙上设有圆或方形窗子以畅通空气,引进光线。商墓发现的红、黄、黑、白四色布幔,印证《墨子》所述"纣为鹿台糟丘,酒池肉林,宫墙文画,雕琢刻镂,锦绣被堂,金玉珍帏"的描写。

图1-53
青铜方彝，通高16.4厘米，口7.6厘米×9.8厘米，周恭王，公元前10～公元前9世纪

图1-54
日己青铜方彝，通高38.5厘米，口17厘米×20厘米，周中期，公元前10～公元前9世纪

享 xiǎng = 享 斜檐的建筑物立在高出地面的土台上之状，是真实的描写。

宣 xuān = 宣 屋子里有回旋图案的装饰状。

甲骨文"丧"字与采桑活动的关联

存世与图1-55所示同样尺寸、形制、花纹的铜壶有数件，当是同时的作品。而图1-55这件装酒的铜壶值得特别介绍，是因为它展示了当时生活的很多生动画面。春秋以前文物的装饰图案主要是与鬼神有关的动物，很少触及一般人的生活动态，所以我们对古人的生活细节不了解。

这件铜壶的形制很平常，长颈、斜肩、鼓腹、圈足、有盖。肩上有两耳衔环，盖上饰有三只立雕的鸭子。盖子与壶身都有用红铜镶嵌的图纹。盖子为站立采桑图。壶身以宽带分成四个装饰区：最上的颈部有采桑、弋射、狩猎等生产活动，以及贵族竞射的描写。器身的上部有贵族在二层楼上飨宴及楼下乐舞伎表演歌舞。器身的中部则作军士从事陆上与水上战斗的场景。下部则有神兽的图纹。显然它描写贵族拥有田庄、徒众、权势，以及祈望能够一道带去来生享用的愿望。它可以说是开汉代画像石与壁画的先河。

日常生活的写照——采桑、弋射、饮宴、攻战

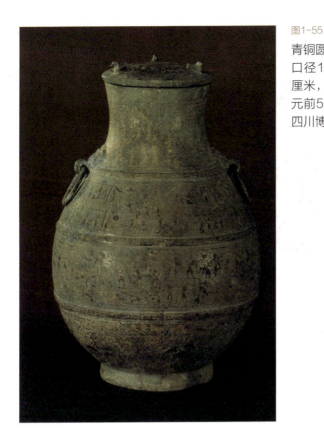

图1-55

青铜圆壶，通高39.9厘米，口径13.4厘米，底径14.2厘米，四川成都出土，约公元前500~公元前350年。四川博物院藏

图1-56
图1-55中铜壶器盖部分的纹饰

此处无法对每个图纹做详细的描述，只选颈部的采桑部分作解说，见图1-57。采桑纹的画面是两株高大的桑树。左边的树，有一留长辫的妇女坐在最左的枝丫上，两手在摘取前两枝丫上的桑叶。树下有一人作攀登状。右边的树，一留长辫的妇女把中间的树枝拉下并坐在其端部，双手摘取枝上的桑叶，对面一位男士腰间佩剑，头上戴帽，坐在最右的树枝，也在摘取中间枝丫上的桑叶，他的篮子就悬吊在右

图1-57
图1-55中铜壶器颈部分的纹饰

树枝下。此树下有一戴帽男士左手提着篮子,想是篮子已装满,即将送去处理。两树之间有一对男女,女的脑后拖着长辫,头上有某种的高起装饰。男的戴帽佩剑坐在树的根部上,左手牵着女的右手,右手似乎要碰触女的头部,不知与采桑有何关联。

这幅图让人想起两件事。一是甲骨文的"丧"字有几十种写法:※ ※ ※ ※ ※ ※。可以看出,尽管多样,基本是表现出多枝丫的桑树间有一至五个不等的篮子状。观察铜壶上的这幅图就能明了"丧"字的字形是根据采桑的情形创造的。桑叶是蚕的食料,蚕所吐的丝是重要的经济产品,也是贵族的喜好。桑树的栽培是发展丝织业的基本条件之一,不能不对此种材料有专用的语言文字。但是桑树的外观和很多树木是难分别的,人们就想到了采桑的作业和其他的树都不同,就以之创造桑树的意义,并假借以表达丧亡的意思。

另一是历史事件。《左传》记载,鲁僖公二十三年(公元前637年)晋公子重耳亡命于齐,与舅父密谋逃回晋国以夺取继承权时,"谋桑下,蚕妾在其上,以告姜氏。"明白道出蚕妾爬在树上采桑而听到密谋的景况。从这幅图看,似乎采桑作业还不限女性,也有男士参与的时候。不过也许,这位佩剑的男士是在跟采桑女偷偷谈恋爱呢。

图1-58
镶嵌红铜水陆攻战弋猎采桑宴乐纹青铜圆壶,高36.6厘米,约公元前500~公元前350年

图1-59

错金银青铜圆壶，通高24厘米，口径12.8厘米，腹径22.2厘米，足径13.8厘米。主人陈璋，齐伐燕之纪念。约公元前4世纪。南京博物院藏

图1-60

鸟盖瓠瓜形青铜圆壶，高37.5厘米，战国，公元前476～公元前221年。形如瓠子，盖为鸟形，而得其名。是与祀天有关的礼器。陕西历史博物馆藏

丧 sàng = 丧

表现出多枝丫的桑树间有一至五个不等的篮子状。根据采桑情形创造的字，并假借以表达丧亡的意思。

有"温度"的甲骨字

图1-61中的这件铜器,学界名之为虢季子白盘,因为铸造的主人叫虢季子白,而且铭文自称为宝盘。盘有时也写作般、鎜,《说文》的小篆则作从木般声的"槃",表示也有以木头制作的。盘的主要功能为盥洗。盥洗手脸是天天都做的事,所以自商代起铜盘就是常见之器,而且常与匜配套使用。《礼记·内则》记有:"进盥,少者奉盘,长者奉水,请沃盥,盥卒,授巾。"匜用以倒水,盘则承接倒出来的水。

盘的器形以圆腹而圈足者最为常见,此形与盛饭食的簋、皿,盛水的盂,都很相近,其主要的分别是盘为盥洗的器具。在日常生活中,盥洗手与颜面的机会最多,偶尔才澡身或泡澡。用以盛装洗手脸的水不必太多,但既然需要双手捧着,也就不会太小,一般的尺寸,口的圆径为三四十厘米,高为十几厘米。洗澡用的水虽然较多,但可以多次倒水,也不需太大的盘子。但如要泡澡,就需要比身子还大的

图1-61
虢季子白盘，通高39.5厘米，口137.2厘米×86.5厘米，宝鸡出土。周宣王，公元前827～公元前782年

沐浴净身

盘，尺寸就需要相当的大。金文的"沬"字：![字], 作双手倾盆倒水为他人冲洗之状。有时下加一个盘皿（![字]），为的就是留住倒下的水，大概就是要泡澡。要让身子完全容纳其中，容量就要大。图1-61这一件的容量非常大，约如今日的浴缸，当是为泡澡而造。

绝大多数的盘为圆腹形，口沿或有立耳，腹旁或有附耳或提梁。腹下多作圈足，也有三足或四足甚至无足者。早期的装饰较少，后期

图1-62
高17.4厘米，口径33.1厘米，商晚期，公元前14～公元前11世纪

比较繁杂，腹部饰有兽面衔环，甚至装有滚动的轮子。有的有流有鋬，已成倒水之器，或应称之为盘形匜。盘除自铭的盥盘、沫盘功能外，应该也有转用为其他用途的盘。自铭少盘的，可能为盛菜的盘。还有一件，如图1-62，盘身作假腹形，外观虽与一般有深度的盘无别，但盘底却非常浅，装不了多少水。应该是陈放干物的，可能还有意造成所装之量甚多的错觉。可想见，盘还可以转用为其他用途，不限于装水。

图1-61这一件为较少见的四面椭圆形，在四个弯角处各有一个宽长的矮足。微为内斜的腹部四面各有两个兽首衔绳索状的圆环，口沿下装饰连续窃曲纹，再之下是主题的环带纹。从其硕大的形体及深度来判断，它显然是让人在里头洗澡用的大浴盘，而且非常可能是为了泡温水澡。

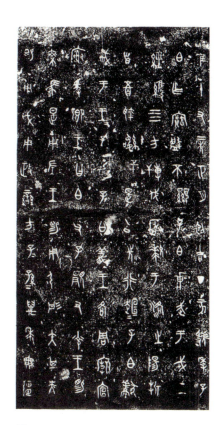

图1-63
虢季子白盘的铭文

除了天然的温泉,温热的水需要用柴薪,就会有所花费。为了省钱,就不能让它轻易流失,故要容器大得能容纳一个人。甲骨文的"温"字: ,作一个人站在盆子内洗澡之状。可想见"温"字的意义来自泡澡水是温热的。否则有什么办法去表达水的温度问题呢!

洗澡的用具应该是放在隐秘处的。可是这个盘却有8行110字的长铭文(图1-63)。里头说的是虢季子白非常英勇,搏伐猃狁于洛之阳,砍了500人的脑袋,活捉了50个俘虏。他把战利品献给周王,受到周王赏赐车马兵器。其中,最重要的是一把授权可以征讨蛮夷的斧钺。这种铸有丰功伟业铭文的铜器,一般不但要传之子孙万代,还要公开展示陈列,让更多的人传颂,收受荣耀。这件铸有歌功颂德文字的"浴盆",应该陈放在众人可见之处,或有可能当时已有供应温水的公共澡堂了。

图1-64

青铜盘,口径31.3厘米,高11.2厘米,商中期,约公元前15~公元前14世纪

图1-65

墙铭青铜盘,口径47厘米,西周初期,约公元前11世纪

图1-66

三轮青铜盘,高15.8厘米,口26厘米,春秋晚期,公元前6~公元前5世纪

沬 mò = 沬

作双手倾盆倒水为他人冲洗之状。有时下加一个盘皿，为的就是留住倒下的水，大概就是要泡澡。

温 wēn = 温

一个人站在盆子里洗澡之状。

不得酱不食：
古代的酱料瓶

　　图1-67所示这一类器型形状奇特，似鼎、有盖、有流，尺寸不大，首见于西周时期。或称之为异形鼎，或因其像有流的匜而称为匜鼎，或流鼎。有人以为它们不是实用器。这个推论不太周全。因为这一类的器型有些是错金银的，如图1-68中的战国错金银铜匜鼎，随葬的代用品不必如此费心制造。图1-67所示这件容器不但制作精美，设计也很精巧。盖上的小兽，四肢直立，身躯微向前倾，头偏一侧，两耳竖起，似在聆听声响，审思邻近的动静，显得自然可爱。鼎前的流作耳朵竖立的虎头形，与后方上卷的尾巴和兽蹄形短足，构成一只立虎。如此费心，也不像是为节省随葬费用而做的代用品。

　　此器的用途，可通过形制加以推论。早期的铜鼎无盖、无流，因为鼎的主要功能是烧煮饭菜，煮菜须不时进行搅拌，而且煮熟后就把

讲究的饮食生活

图1-67
高6.5厘米，口径8.4厘米，春秋，公元前8～公元前5世纪。山西侯马出土。山西博物院藏

图1-68
错金银青铜匜鼎，高11.4厘米，口径10.5厘米，战国，公元前5～公元前3世纪

鼎里的菜肴移到另一个器物以便陈列及食用，因此不必有盖。后来，大概鼎兼为盛食器，为了保温，就配有盖子。但是此类匜鼎的容量太小，应该不是为烧饭菜而制作。虎头形的流无疑是为流出液体而设。那么，它的功能大致是装酱料一类的食品了，与汉代的染炉属同类的用具。染炉约如今日的酒精炉，下为可加碳的小炉，上架一个有长柄、似勺的小容器。染的意思是沾染，因为古代的菜肴有些在烧煮的时候是不加任何佐料的，这种没有味道的食品，像白切肉，最好是蘸酱食用。如果肉是冷的，更需要蘸温酱。《礼记·曲礼》记有："凡进食之礼，左肴右胾。食居人之左，羹居人之右。脍炙处外，醯酱处内，葱渫处末，酒浆处右。以脯脩置者，左朐右末。"孔子在《论语·乡党》中也说"不得其酱不食"。各种不同味道的酱醋是很重要的佐食调味品，讲究美食的人是不会忽略其制作的。盛醯酱不能没有容器，这件匜鼎的三只脚甚短，可能也不是为了在下面添加薪碳而设，很可能只为让器物稳定，应如今日餐桌常见的装酱油、辣油、酢醋等的小罐、小瓶。

越是富裕的社会对饮食的讲求越注重，着重的地方也越来越细腻。初时只要有食物就万幸了，当食物的来源不虞匮乏时，就开始讲求材料的种类与质量，跟着就进一步讲求烹饪的技巧。至于器具，最先较可能是使用烧煮器皿，接着发展进食器具。进一步又会讲究进食的气氛，不但食物与用具都是最好的，还要环境幽雅，进食时也要心情轻松，有歌舞来助兴。在商代，我们看到饮食的器皿多样，各有用

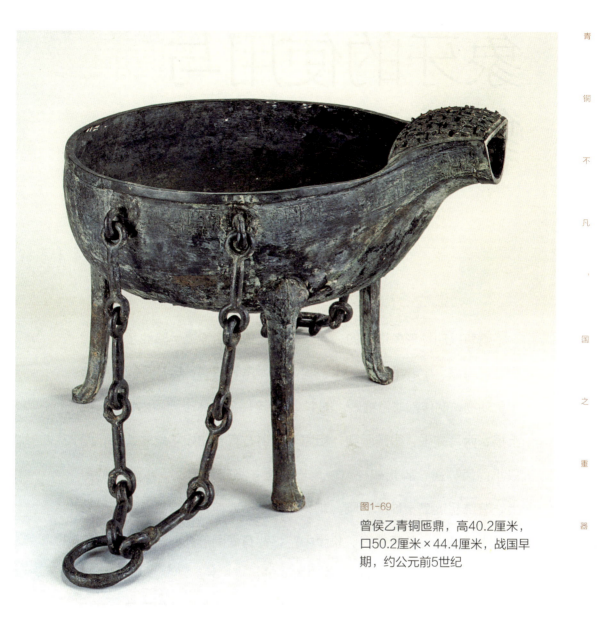

图1-69
曾侯乙青铜匜鼎,高40.2厘米,口50.2厘米×44.4厘米,战国早期,约公元前5世纪

途,显然已对用食有所讲究,但比起战国时代,还差得远。战国时代不但很多器具使用鎏金的装饰增加明亮度,用食之器都加了盖保温兼卫生,乐舞助食的规模扩大而普及,连葱、蒜、酱、醋的佐味也成必要的摆设了。

象牙的使用与
象的灭绝

酒尊以动物形象造型的,习惯以该动物之名称之,除此了象外,先秦还有犀、牛、羊、虎、豕、驹、鸮、凫等写实,以及不能指称的想象动物,制作都非常精妙。图1-70中这件象尊体态肥硕粗壮,长鼻上扬,两耳外张,眼睛圆突,粗眉,眉上方有卷曲如羊角之装饰,两只小门齿外露,脚粗如柱状,尾巴下垂。在布满方回雷纹背景的身上,装饰超过二十种虎、凤、龙、虬等写实或神异禽兽纹,数量与分布虽然繁杂,但并不刺眼。象腹中空,背有椭圆形孔,盖于出土时已遗失,鼻端有孔与腹腔相通,充当流使用。

此尊应以实物取形。象生活于茂密丛林或热带的稀树草原,商代之前的气候较今日温暖,当时人们有充分的时间观察它的形态,做正确的描写。甲骨文的"象"字:🐘,是个象形字,清楚地描画一种有长而弯曲鼻子的动物形。"为"字:🐘,则作手牵着象的鼻子有所作为之状。创意大概来自象被驯服以搬运树木、石头一类重物的工作,

青铜象尊
驯化的陆地巨兽

图1-70

青铜象尊，高22.8厘米，长26.5厘米，重2.57千克，湖南醴陵出土，商晚期，公元前13～公元前11世纪。湖南省博物馆藏

说明商代的人们已能驯服和利用象工作。西周铜器匡簠有关于象乐、象舞的铭文，反映了人们更进而以象作为娱乐。

象是现今陆地上最庞大的动物。其性格虽然温顺，但非洲象体重可达7500千克，肩高三四米。亚洲象虽体形较小，也重有5000千克。当人们初次见到如此庞大的身躯，一定有相当大的戒心。动起加以驯化的脑筋必是相当迟晚的事。中国驯养牛、马不超过5000年，象一定更迟。

象牙一直是中国人珍惜的艺术创作材料。浙江余姚河姆渡一个距今6000多年的遗址，已出土象的头骨和有双鸟朝阳的象牙雕，说明那时人们已加以捕猎，并器重象牙的雕刻价值。非洲的大象牙有二米长，四五十千克重。象牙质地滑润细致，纹理规则，易受刀刻而不崩边缘，可以雕刻出比玉、骨器更为精巧细密的艺术品。《韩非子·喻老》说："宋人有为其君以象为楮叶者，三年而成，丰杀茎柯，毫芒繁泽，乱之楮叶之中，而不可别也。"象牙原有本身造型细长的限制，但巧匠能利用酸液加以软化及应用套合的方式，制作大型而复杂的工艺品。《晋书》提到象牙细簟，乃是把象牙切丝，泡酸软化后加以编缀。

图1-71
鸟纹象尊，高24厘米，长38厘米，西周中晚期，公元前11~公元前8世纪。陕西宝鸡青铜器博物院藏

商代时中国还有大量的象群。四川广汉发掘了一个祭祀坑，发现大量的整只象牙。周代以后气温降低，不再恢复过去有过的温暖，象于是被迫南迁。加以象的食量相当大，每天消耗的草料超过200千克。而且至少要20岁以后才能从事比较复杂的工作，工作效率远低于牛、马，故只留少量的象，作为帝王的玩物，或应付礼仪所需而被饲养。《汉书·武帝纪》记汉武帝接受南海贡献的驯象，说明汉代时，除了有限的茂林，连江南都少见到象的活动，已濒临绝迹的地步了。图1-71所示是西周中晚期的象尊，其形状已和实物有很大的距离。

为 wéi ＝ 爲

手牵着象的鼻子，有所作为之状。

象征公平公正的动物图纹

尊是古代盛酒之器，造型有很多变化，如果作鸟兽形状的就统称为牺尊，个别的就以其取形的动物名称称之，所以图1-72所示为犀尊。此尊以写实成名，塑造出体型强健、神态勇猛的犀牛形象。犀的头稍微上扬，鼻端有一长角，额前一短角，鼻孔张开，嘴巴似在吼叫，可能是属于体格较小而性情暴躁的非洲犀牛。厚实粗壮的颈部有多圈的皱褶，看来韧厚无比。四腿粗短，肌肉隆起，足下分蹄。前腿后有两圈皱褶，皮肤粗糙无毛，但装饰有错金的流云纹，金丝大都已脱掉。背上有可注入酒的椭圆形口，连接可开合的活页盖子。这件铜器不但造型逼真，线条优美，铜质也非常细致，堪称是金属铸造工艺的杰作。

犀牛纵生的角是毛发硬化而成，故与其他动物成对的角大异其趣，人们也用文字强调其独角的特征。商代以兕称犀牛，字形为：

不见其踪的犀牛

图1-72
高34.4厘米，长57.8厘米，陕西兴平出土，西汉，公元前206～公元25年。
中国国家博物馆藏

代表头上有只大独角的动物形。犀牛生活于湿热的环境，主要分布在非洲中南部、中南半岛、南洋群岛、印度大陆等地区。现今中国境内，可能除了云南、广西交界以外，其他地方的犀牛都已绝迹。但在距今七千到三千年的一段期间，气候要较今日温暖，犀牛曾经在中国很多地区生息繁殖。浙江余姚河姆渡、河南淅川下王岗等6000多年前的遗址，都发现犀牛遗骨。说明中国那时有犀牛生存着。犀牛虽然皮坚甲厚，且嗅觉非常敏锐，不易接近；但人是聪明的，可以挖坑设陷，然后用纵火、驱赶等方式使陷入其中，或在地上架设木弩，静待犀牛碰触伏线而发箭射击腹下脆弱部位。商代甲骨刻辞曾有一次捕获40只的记载。

犀牛在中国灭绝的原因有几个。西周之后气候变冷，被迫南迁是其一。草原被辟为农田而失去食料来源，是其二。犀角具有清热、解毒、止血、定惊的疗效也为古人所知。但最主要的原因应是人们要获得其坚韧的皮以缝制甲胄。在钢铁武器未充分使用前，兕铠对于青铜武器的攻击有很好的防御效能，故《楚辞·国殇》有"操吴戈兮披犀甲"，以之为理想的战斗装备。吴国曾经夸耀其衣犀甲之士有十万三千人之多，可想见古人滥捕而加速其灭绝的程度。

汉代之后，大概一般人已难见其形象，就把它与另一种同样是大型的热带动物廌（zhì）搞混了。廌是一种羚羊类的动物，传说解廌会助法官判案，故古代的"法"字：，以法律公平如水，廌以抵触不直的罪人而去之的含义进行创造。后来负责判案的衙门就绘有解廌的形象，执法官的衣服也以解廌为图案。解廌和犀牛都因气候的原因南移，不见于中国。两者的形象就互相混淆，解廌也被描写成有大而长独角的犀牛，依据书本的描述造型，形象与原本大有出入。汉代一位判官的墓门，就画有一对低头欲前冲的廌。随葬品中也有木头或陶制的长角犀牛。

图1-73
青铜犀尊，高24.5厘米，商后期，公元前14～公元前11世纪。鼻上、额前各一角，背有口，失盖，素面无纹，内底铭27字，记商王帝辛征人方。旧金山亚洲艺术博物馆藏

图1-74
青铜鸟尊，高25.3厘米，春秋，公元前8～公元前5世纪。山西省考古研究所藏

兕 sì = 兕

犀牛。表示头上有只大独角的动物。

法 fǎ = 法

以法律公平如水，廌以抵触不直的罪人而去之的含义进行创造。

甲骨文"戈"字与武器的进化

竞争是自然界成员为了生存而不得不采取的手段，人类为了获取食物，维持生存，必须与动物争斗。野兽虽有锐利的爪牙、强壮的身躯，但人类可以借助他物以防御自己、攻击野兽。所以在长久的斗争中，人类终于成为胜利者，使野兽失去反抗的能力。人类还驯养了一些野生动物作为家畜，以备不时之需。但是，人类在征服其他的生物以后，也因为想抢夺有限的自然资源，而无法避免与自己的同类争斗。

人与野兽因为智力相差悬殊，不必创造太过精良的武器就可以解决它们。任何有足够重量、有棱角，足以造成杀伤力的工具，只要方便取得，都可以成为武器，不必为捕杀某种兽类而特别设计。所以甲

专为杀人而造的 戈

战国重金属属之歌

图1-75
上：长21.8厘米，宽6.8厘米，商晚期，
公元前13～公元前11世纪
中：长22.8厘米，宽9.4厘米，西周，
公元前11～公元前9世纪
下：长30.4厘米，宽12.2厘米，战国，
公元前5～公元前3世纪

骨文的"兵"字：🧍，就作双手拿着长柄的斧斤工具状。但是到了人与人战争的时代，日常工具无法胜任理想的格斗武器，因此就开始研究用最有效的材料，针对人体的弱点，设计专为杀人的武器，才能达到预期的效果。

图1-75所示的三件戈，基本器形一样，都是装在木柄上使用的。商代装木柄的武器约可分成为两类：一类是源自远古传统的工具，主要取自不同的石斧形状；另一类是专为杀人设计的新形状的戈。戈有细长的刃部，利用挥舞的力量，以刀尖穿刺人的颈部，或以锐利刃部拉割脆弱的颈部以达杀敌的目的。甲骨文的"戈"字：𢦏，即作一把装在木柄上的细长刃武器形状。

短木柄的戈大致有80厘米长，而车上使用的就得超过3米，秦俑坑中木柄最长的是3.82米。戈可以说是一种利用铜材的坚韧、锐利特性而发展出来的武器，它不像斧钺的攻击依赖重量，是铜被普遍使用以前所未见过的形式。虽然商代也出现有石、玉制作的戈，但都很薄弱，而且制造的时代并不早于青铜戈，主要是作为代表权位的仪仗，不是实用的武器。我们可以肯定地说，铜戈是针对人类新设计的武器，是战争升级、国家兴起的一种象征。

为了能有更大的杀伤力，武器就要不断加以改良。戈的形制可以分为三部分：伤人刃部的"援"，绑柄的"内"，以及中间凸出的"格"。图1-75最上一件代表最早期戈的形制，只有下边的刃锐利，可以劈勾敌人。中间的戈代表改良的形式，把刃部加长而弯到木柄的一边成为"胡",使刃部的长度、攻击角度增加,以人的颈与肩部为攻击的目标,用来对付保护头部的头盔。同时为了要增加铜戈缠绕于木柄的强度,就在戈的"胡"上铸造穿孔,以便使绳索捆缚牢固,并把木柄做成椭圆形以方便手指的掌握。最下一件代表最晚的形式,"援"窄细以增加穿透力、"胡"更加长,以扩大攻击的范围,"内"铸成钩的形状以备一击不中时再度以锐利的"内"回勾。反观源自工具的钺、戚、斧等类,就没有相应的变化,这反映了它们在各自的功能上实用与非实用的考虑。

　　在商代,由于戈是兵士作战的主要装备,所以很多以"戈"为组成构件的字,含义就与作战有关。如伐字:𢍑,作以戈砍击一人颈部的形状,戒字:𢦒,则作双手紧握着戈以备战的样子。而以取形自他种用途的斧、钺、戚、戉、戌、我、义等字或组合的字,就用以表达他种与战斗无关的含义。

图 1-76

燕王职青铜戈，长 27 厘米，高 13 厘米，援 18 厘米，内 9 厘米，战国晚期，约公元前 3 世纪

图 1-77

青铜钩内戟，长 34 厘米，宽 28 厘米，战国中期，约公元前 4 世纪

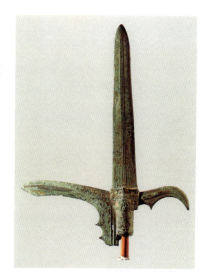

图 1-78

三角援青铜戈，长 20.5 厘米，商晚期，公元前 14～公元前 11 世纪

图 1-79

吴王夫差错金铭青铜矛，长 29.5 厘米，春秋，公元前 8～公元前 4 世纪。脊背有血槽，锋部呈弧线三角形。湖北省博物馆藏

戈 gē = 戈

一把装在木柄上的细长刃武器。

伐 fá = 伐

以戈砍击一人颈部。

| 戒 | = 戒 　双手紧握着戈以备战的样子。

| 兵 | = 兵 　双手拿着长柄的斧斤工具状。

中国何时开始有铁的使用？

图1-80所示这件朴素无纹、残缺不全的器物，看起来一点也不像精心设计的贵重作品，但它其实是中国工艺史上很重要的一个里程碑。原因是这件器物残缺的部分是由铁所打造的。因为这件武器的援（砍人的部位）宽大，学者名之为钺。钺的一般形态，援的部分并非延续内（纳柄的部位）的宽度，而是加宽如图1-81所示，并且内与援之间没有凸出的格。格是戈必有的形态。今暂随俗也称这件为钺而非戈。

钺内部的圆孔是为了捆缚木柄而设，这种形式的戈较少见。戈大都在援近格的地方有一个长方形小穿孔。后来援的刃往下延伸，增加砍击的长度，也增加长方形穿孔的数量，以便捆缚于柄上时更为牢固。到了战国时代，三个穿孔的戈戟就很常见了。在内部穿孔的设计可能是比较早时期的形式。

工艺史的里程碑——"铁"的使用

图1-80

铁刃铜钺,残长8.7厘米,北京平谷出土,商,公元前16~公元前11世纪

图1-81

镶嵌绿松石兽面纹青铜钺,长25厘米,宽17厘米,商晚期,公元前14~公元前11世纪

这件钺有两种锈：一种是一般的铜锈，呈青色；另一种土锈色，是铜器上非常少见的。经过详细的科学鉴定，得知残留物是陨铁，里头含有少量镍的成分，冶炼的铁则没有这种现象。学者一向认为中国要到春秋时期才知道有铁。如果商代已经知道有铁，则使用铁的历史就可以前推近1000年，所以意义非凡。

这件铁刃铜钺并不是一个孤证。在河北另一个商代中期遗址也发掘到一件镶嵌铁刃的铜兵器。可惜铁刃的部分残留太少，很难肯定到底是陨铁还是熟铁打造的。存世的还有西周铜兵套铸铁刃的报告。因此中国在距今3000多年前，已知铁的性质应该是不容怀疑的。铁的硬度、韧度较之铜优良得多，但材料有限，所以商代的工匠才用铁打造最重要的刃部，再套铸于铜兵器上，而不是全部都使用铁去制造。

铁容易氧化而锈腐，如果长期埋藏于地下，经常会接触湿气而被腐蚀得无影无踪。因此很难从实物去证实人们何时知道铁的性质。这几件中国最早期的铁器因为被套铸在铜材上，没有完全氧化，用今日灵敏的科学仪器才能测知其存在的痕迹。如果整件兵器都是铁所制作的，恐怕就会腐蚀得全无痕迹了。

人类早在好几千年前就已经从含镍低的陨石知道铁的性质。陨石来自天上，所以古代埃及人或苏美尔人就称它为"天上来的铜"或"天上的金属"。纯铁呈现银白色，可以锻打拉长。铁还具有磁性。陨铁罕见，早期被视为贵金属，多作为装饰物。公元前2900年的埃及金字塔中曾发现铁珠子。亚美尼亚人约于3500年前使用炼炉把矿石炼成熟铁（或称海绵铁），再用锻打的方法成形。

通过加热，铁与碳含量不同的合金，可造成不同性质的钢，硬度与韧度都可以大大地超越青铜。铁可以打造工具，改进工作的效率，提高生活水平。也可以用来打造武器，成为军事的强国。一旦人们能够把矿石熔炼成铁，大量打造工具和武器，社会的层次才会进一步提高，才算进入铁器时代。中国使用熟铁的时间可能并不比西方早，但却在春秋晚期就发明了以高温熔化铁汁的生铁铸造法，比西方早1000年以上，加速了器物成形的时间。

埋藏两千多年依然锋芒如新的宝剑：优良的锻打技术

　　文献记载，吴越在春秋时代精于铸造刀剑。图1-82所示这把越王铜剑埋藏了两千多年，出土的时候仍然光华亮丽，锋利异常，真是名不虚传。剑一般分为剑身、剑格、剑把三部分。这把铜剑出土的时候插在漆木鞘内，剑把的圆茎是空心的，茎上没有常见的二圈凸箍，有首与格。剑身在近格处有两行八字铭文，以错金鸟虫书言："越王鸠浅（勾践）自乍用鉴（剑）"。剑格则是一面用蓝色玻璃，一面用绿松石镶嵌了美丽的图纹。

　　黄金、玻璃、绿松石在春秋时代都是非常贵重的材料，甚至玻璃

越王爱女的陪嫁品

图1-82
青铜剑，全长55.6厘米，宽4.6厘米，柄长8.4厘米，湖北江陵出土，春秋晚期，公元前6~公元前5世纪。湖北省博物馆藏

还不是本国的产品，而是远从中亚进口的，可以想见这把剑极其珍贵。如此珍贵的越王剑如何会出现于江陵的楚国大臣的坟墓呢？根据研究，有可能它本是越王勾践嫁女儿的陪嫁物，后来流落到了楚国。楚王以之赏赐给大臣，大臣死后乃以之随葬。

随着春秋时代铁器的锻炼技术愈来愈熟练，因为钢铁远较铜器坚韧而锐利，铜制兵器逐渐被铁制的兵器所取代。尤其是短兵器，因要非常接近敌人才能达到伤敌的目的，所以短一分就多一分危险。铜剑如果要求长度增长，就要铸得较为单薄些才能单手使用，但太薄易折断；如果铸得厚就太重而不便单手使用，所以一般长度不超过50厘米。铁则由于韧度大，可以打造得超过1米长，稍远离敌人而用砍劈的方式伤敌。因此铜剑就逐渐被长的铁刀所取代，连长兵的戈戟也受到影响，东汉以后铁刀就成为战斗的主要配备了。

既然铁刀的效用远超过铜剑，贵为国君理应使用最先进的产品。但是出土的诸侯君王，迟至汉代，竟然使用的大都是铜剑而非铁刀，这是何原因呢？答案不外是君王佩剑只是备而不用，通常拿来指挥，并不适用于实际战斗。而铁又会生锈，如果不时时擦拭就会锈蚀得不美观。图1-82所示这一把剑，比起同时代的一些铜剑，打造要用心得多。科学家用X射线荧光非真空分析技术进行研究，发现剑脊含铜量高而刃部含锡量高，是经二次浇铸成形的复合金属工艺。商代已不乏使用套铸的二次浇铸成形的例子，例如套铸铁刃的铜钺，或套铸提把的铜壶等，工艺精良。

青铜的锐利与韧度，与铜锡的合金比例有绝对的关系。当锡的成分占17%～20%时，青铜的质料最为坚韧、耐磨，适宜铸造斧斤、戈戟等需要经常磨光的器物。《荀子·强国》有："刑范正，金锡美，工冶巧，火齐得，剖刑而莫邪已。"莫邪（镆铘）是古代的良剑名字。从上文可知铜剑本来是不加以锤击的，但是受到锻炼钢铁技术的影响，有些铜兵器也使用锻打的方式提高硬度。根据实验，硬度80多的铜器经过锻打以后，硬度可提高到200多。曾出土赵国的铜铍，刃部光亮异常，和黯淡无光的商代铜戈比较，优劣立现。这把剑身上的暗

图1-83

青铜刀,通长31厘米,宽头11.8厘米,底8.5厘米,商晚期,公元前14~公元前11世纪

图1-84

虎头青铜短剑,高22厘米,宽2.5厘米,春秋晚期,公元前6~公元前5世纪

黑色菱形几何暗纹也经过鉴定,为硫化铜,有人认为这是一种新的防锈工艺。其实可能只是精心锻打多次的结果。

图1-85

青铜扁茎剑，长91.5厘米，茎长19厘米，临潼兵马俑坑出土，秦，公元前221～公元前209年。指挥官使用，太长，不实用。如此长度，一般要铁制的才能使用于战斗。秦始皇帝陵博物院藏

图1-86

吴王夫差青铜剑，长37厘米，身长28.5厘米，湖北襄阳出土，春秋晚期，公元前6～公元前5世纪

图1-87

越王者于青铜剑，长52.4厘米，战国早期

图1-88
镂空蛇纹鞘青铜短剑，长23.5厘米，鞘18.4厘米，周早期

图1-89
玉首青铜匕首，通长22.3厘米，匕宽1.8厘米，战国早期，约公元前5世纪

图1-90
曲刃青铜剑，长35.5厘米，内蒙古出土，夏家店上层，公元前1000～公元前500年

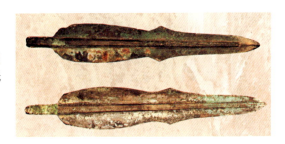

图1-91
青铜剑（匕首）鞘，高23厘米，西汉，约公元前200～公元前50年。从纹饰断为滇国制品

神秘的青铜弓形器在历史上消失的原因

弓形器的形状颇为一致，中央部分作窄而弯曲的长柄形状，两端有突出近半圆的臂，臂的两端又常装置可以发出声响的马头或圆球铃。长度一般为三十几厘米，但也有长至47厘米的。图1-93下方这一件镶嵌绿松石图案，长柄的弯度较小，属于较早期的作品。上方这一件有回方纹为底的浮起蝉纹装饰。器柄的弯度较大也较短，是属于较晚期的作品。

弓形器的用途目前还无法确切知道。在柄的两端常见有皮条缠缚的痕迹，显然是为了要非常稳固的组装在某件器物上而设计。由于它有铃，有人怀疑它是旗铃或者马铃一类的东西，但也见过没有铃的。它常与马车同出于一坑，所以有人以为是马或马车上的装饰，但有些

田猎必备 青铜弓形器

图1-92

三翼青铜镞，通长5～9.4厘米，约公元前550年，共有四式，前锋尖锐，截面呈三角形，都有后锋，后有连体的棍状长铤。河南博物院藏

图1-93

青铜弓形器，最长37.5厘米，商代晚期至西周早期，公元前13～公元前11世纪。加拿大皇家安大略博物馆藏

出土的时候又和马车一点关系也没有。弓形器常发现于腰际，所以或以为是一种腰带，用以系挂缰绳。但它又与箭镞同出而柄里面也常残留朽木，所以也有人认为它是箭袋的装饰物。

但是弓形器的握柄上有时铸有突起的装饰，不能用力把握。弓箭是攻杀敌人或野兽的工具，最好能让敌人措手不及。但弦线一震动，铃就会响。哪有以杀敌为目的的工具，竟然反而会警告对方的道理？所以又改为解说它是礼仪的用具，不必太讲究实用上的效果。现在大多认为它即是文献中的䪌或䪐，是缚在弓里以保持弓形并增强反弹力用的。至于它到底如何使用，以及为何西周初以后就消失了，还是问题。

木弩在很多氏族社会里是主要的打猎工具，它能装弦搭箭又不用立即发射，可以等待最好的时机。原始的木弩只比一般的弓多一个有槽的臂以装设箭，并架设一枝悬刀以安设伏线。它可架设在地上，当野兽踩踏或触碰绳索时，即牵动弓弦而射出箭，目标野兽的下腹。很可能就是为了猎杀表皮坚硬的犀牛而设计的。一个人可以同时架设多把木弩于不同的地点，静待野兽的出现。当弦动铃响即表示机关已发，猎人就可以及时检验是否有所捕获，所以有铃。至于柄上有不便手握的高突起装饰，则是因为手不必紧握着它。这样看来，弓形器比较可能是木弩的零件，作为固定弓、增强反弹力，并能发出声响的装置。

何以西周早期以后就消失了呢？木弩是狩猎的工具，商王及其贵族们经常打猎，因此很多大墓陪葬这种弓形器。但是西周以后，提到

图1-94
三翼青铜镞，通长5～9.4厘米，约公元前550年。河南博物院藏

图1-95
青铜镞，长5.8～9.1厘米，约公元前550年，有三角形刃镞与三角形星芒的狭刃镞，中间的脊长短不一。台北历史博物馆藏

周王或贵族田猎的文献很少。西周时期王也少亲自参与战争，所以以田猎练军这种技巧的需要也不多。再加上开垦农田，大型田猎场地都不见了。既然田猎的活动大减，有关田猎工具的生产也必然大减。

原始弩机的木、角、骨质悬刀，到了战国时代改良为铜铸的扳机。为三件利用枢轴、杠杆和齿轮的原理组装的有严密结构的机械。加上拉开弦线和瞄准的装置，就成为射程远、杀伤力强的武器，此时才被大量应用于战场上。弩机既然主要以杀人为目的，就不必有铃。这时角弓的制造也改进了，不需使用金属板以强固弓体。就实用的层面说，重量也是一种累赘。因此弓形器就完全失去利用的价值了。

从"轭"的发明，看马车的制作

图1-96中的这件铜轭由三部分组成，首像蘑菇的形状，其颈部饰蕉叶纹；筒体的身装饰着张口的龙纹；两脚作半管状，上下各有大小两个方形穿孔，以供穿系绳索。它系于车衡上，两脚下端的穿孔系穿绳索套住马颈。出土时它斜立在马的颈上，是用来把马和车子联结起来，拉动车子前进的装置。西周金文的"轭"字：𠂇，就是车轭的形象。

车子是个革命性的发明。它能载重致远，节省人力，具有军事上的重要价值，所以要用心制作。制作车子要达到如下的几个要求：

（一）坚牢：不至于半途损坏。

（二）轻巧：可以多载重。

（三）快速：早到达目的地。

（四）平衡：不致翻车。

（五）舒适：久乘不疲乏。

拉动马车前进的重要装置

青铜不凡,国之重器

图1-96

脚长55.7厘米,宽5.7厘米,轭首像蘑菇状高8厘米,上径7厘米,下径4厘米,河南安阳大司空村出土。商晚期,公元前14~公元前11世纪

（六）适合环境：可畅行无阻。

车子制造技巧要求高，费用高昂，不是一般人所能拥有。马还要经过精选以及长期的训练才能胜任，更是高级贵族才能拥有的财力。马及马车一直是有权势者的宠物及表征，不一定要使用于军事以及田猎的用途。以快速为目的的马车，应该以轻巧为目标，尽量减轻车架的重量。但贵族们为了炫耀的目的，就加上很多不必要，或甚至是不利于急行的装饰。有时一车所装饰的各种式样的铜饰件约有170件，计15千克多。其实如果是为强固车子性能，则其所需的铜零件，可以不超过1千克，可知装饰繁重的车子，显然炫耀的成分大于实用。

用两匹马拉车的架构称为一衡，其上有套马的两轭。一辀以连接衡与车舆。舆下有轴承接两轮以运行。衡上可以镶嵌或钉住铜泡、页片等，两端可以套上铜管，更讲究的还有在铜件上系种种垂饰。这些端饰件有时粗壮而长，且有尖刺，可能兼带有伤敌的作用。轭的套头有时附有铃，铃也可以装在车衡上，车子走动时锵锵作响，增加威风。

辀的前部可以装饰铸成各种动物头形的套筒，以增美感和发挥美学上的联想效用。辀与舆交接处有两种装饰，虽也有实用的效果，但非必要。在舆前面的有时铸成十字形，有时只作弯形的横版，可把有弧度的辀与舆盘牢固套接起来。在舆座后面的就套在辀的尾部，并有横版及缚绳的圈以牢固舆盘。

为了减轻车子的重量，车舆主要是以木栏杆的形式制作，或以芦苇、藤等物编成。舆下的轴，其两端必定有铜饰件，那是作为轴端的套头并防止轮子脱逸的设计。其上有穿洞，以钉固住于轴上。这支钉经常铸成美丽的形象。舆下两旁又常有一平版连接一圆管的铜构件，那是防止车轴折断并且固定舆座的装置，也可能有减轻车子行动时震动的效果。车毂也以铜管保护。

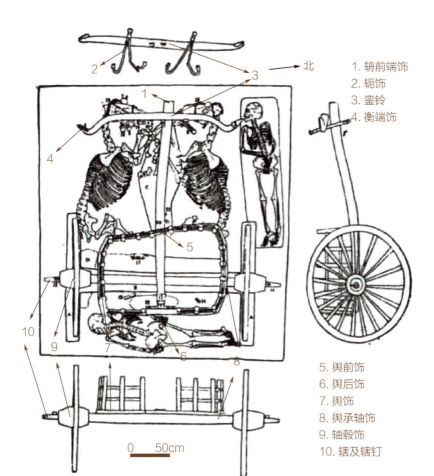

1. 輈前端饰
2. 轭饰
3. 銮铃
4. 衡端饰
5. 舆前饰
6. 舆后饰
7. 舆饰
8. 舆承轴饰
9. 轴毂饰
10. 辖及辖钉

图1-97
河南安阳郭家庄商代车马坑及其上的铜饰件

车子是种活动性的高台，易为众人所注目，所以商周时期，马车经常作为统帅的指挥台，建有大旗，更增加车子的重量。但真正以轻巧、机动为目的的实用车子就不必有这么多装饰。所以发掘的车子，有些只有防止车轮脱落及套马头的铜饰件。有的轭饰件还以骨制作，显然是为了减轻重量而考虑。

轭 è = 軛

就是车轭的形象。

何时开始有金银镶嵌的技术？

图1-98所示这一件铜车轴饰件关系着中国冶金技术的一个重要问题，中国何时才有镶嵌金银的铜器？青铜虽可因合金成分的差异，呈现出赤红、赤黄、橙黄、淡黄、灰白等不同的颜色。但一次只能铸造一种颜色，且难以铸造图案复杂且多彩缤纷的器物，无法满足尽善尽美的追求，因此就有镶嵌技术的发明。初期是利用别种颜色的材料，用黏合或锤打的方式，把花纹镶嵌到铜器上。商代的铜器偶有镶嵌绿松石的例子，但少量的镶嵌红铜青铜器，都不是正式发掘品，难以肯定器物的真伪。因此不少人以为，中国金属镶嵌技术的发展不早于春秋时代。以目前考古的证据看，似乎要到春秋时代才常见到镶嵌金或银的器物。

图1-98中这件铜车轴饰于1929年收入加拿大安大略省博物馆馆

铜锈中隐藏的亮眼异色

图1-98
长15.8厘米，口径5.4厘米，商晚期，公元前14～公元前11世纪。加拿大安大略省博物馆藏

图1-99
镶嵌金丝花纹的细部

藏并编号。其装饰的浮雕纹饰，口沿是一对隔钉孔相向的龙，其下又有四片蕉叶纹，终端是一造型较为简单的蟠龙。去除厚厚的铜锈以后，发现蕉叶与龙纹中有异色物，经过化验知道金色是金，黑色是银，都深及刻沟的底部。经过更加仔细的检验，银的氧化现象沿着镶嵌的花纹，且层层重叠，不可能是铸造很久以后才加上的。

这件东西不像是后代所伪造。宋代至民初的收藏家只注重铜容器的收集，尤其是有铭文的。所以出版的青铜器图录中，容器与兵器以外的东西寥寥无几。那时也还不知道有车马坑的存在，很多零件也不知它们的用途，一般人根本不知其形制。伪造这件车马铜饰件以牟利的动机很小。如果要借助金银丝镶嵌卖得好价钱，也不应掩藏在层层的蚀锈下，令人难以发觉。

图1-100

铜车轴饰，长15.5厘米、15.6厘米，径4.8厘米，大司空村出土，商晚期，公元前14～公元前11世纪

图1-101

兽头青铜轴端，长13.2厘米，辖长10.5厘米，春秋早期，公元前8～公元前7世纪

1936年在安阳发掘到残缺的商代车马坑，世人对于车马的装饰物才有一些认识。20世纪50年代在安阳附近的大司空村，发掘到完整的车马坑，方能证实很多零件的用途以及其在车上的位置。大司空村的车轴两端发现了一对圆筒形的装饰，除了尺寸稍小，其花纹的排列及形象都几乎与图1-100所示这件一模一样，只是没有在花纹中镶嵌金银丝而已。要将器物的形制和花纹，伪造得与几十年后才初次从3000年前遗址出土的如此相似，可以肯定是不可能的。图1-98这件轴端饰件证实中国至少自公元前11世纪就有镶嵌金银丝的技术。可能由于材料缺乏，要等到南方产金银的楚国加入华北的政治舞台，才能发展这种令人喜爱的工艺。

　　商代人既然已有镶嵌矿石于铜器的经验，理应也能镶嵌金属。但是商遗址虽然偶有金箔及金片出土，但还未见到有银制器物的例子。银是易于氧化而变黑的东西，也许少量银制器物因过于锈蚀，以致像这一件一样，早先忽略了其存在。如果将来能在商遗址发现银，就比较可以肯定金银镶嵌技术的存在。

图1-102

镶嵌金与银的青铜马车饰件,最大直径10.5厘米,东周,公元前4～公元前3世纪

图1-103

错金银青铜軎饰,长13.7厘米,高8.8厘米,战国中晚期,公元前4～公元前3世纪,河南辉县出土,中国国家博物馆藏

图1-104
错银青铜承弓器，长21.5厘米，宽6.1厘米，战国中期，约公元前4世纪

图1-105
铜四匹马车模型，通长317厘米，高106厘米，临潼秦陵出土，秦，公元前221～公元前206年。按秦代皇帝马车制此车当是秦始皇銮驾之一的安车模型，人、马、车的形制是实物的二分之一大小。陕西历史博物馆藏

其南笙钟

熏香自烧

贰 其他生活用具——其南笙钟，熏香自烧

甲骨文的『监』字是指看着什么

从镜子的花纹来判断时尚潮流

甲骨文的『南』字，来源于南方的钟？

中国钟的特殊形状和它的发音方式

跨越春秋与宋，作为历史见证之钟

头顶火焰的人形：甲骨文『光』的由来

具消烟设计的精巧灯具

『明』『搜』『幽』：从甲骨字形看古代照明用具之设计

为什么王族喜欢随葬骆驼俑？

金文『熏』字与塑造仙乡景象的博山炉

甲骨文『冓』字为什么被当作交接联系的代表？

花俏美丽的带钩装饰

甲骨文的"监"字是指看着什么

图2-1这面青铜圆镜铸得不够精美,镜壁也很薄弱,厚度只有0.2厘米,背面的纹饰作多圈的放射纹,没什么美感。镜周也没有修磨得浑圆。看起来不像是高价位的物品,但它却是出自随葬有750件精美玉器、460件青铜器与6800枚海贝的赫赫有名的商代妇好五号墓。墓主不是没有财力铸造精美的铜镜,而应看作是那时代还不重视镜子的铸造,故会以如此不精致的产品随葬。

镜子是人们懂得装饰自己以后经常要使用的东西。它是利用光线反射的原理来让人们能见到自己的影像。静止的水面也是可用的反射体,远古的人们在河边汲水捕鱼时,相信就发现了这种现象而懂得加以利用。等到陶器发明后,就有人以水盆盛水,就近照容,不必出门去了。所以镜子起先叫作"鉴",其字的原形是"监"。甲骨文的"监"字:𥃚,就作一个人弯腰向盆子里观看映像之状。

铜镜

梳妆的重要工具

其南笙钟,馥香目烧

图2-1

多圈放射纹青铜圆镜,圆径11.8厘米,厚0.2厘米,河南安阳妇好墓出土,商,约公元前14~公元前11世纪

以水盆照容虽是不需花费什么的办法,但其反映的效果并不很好,而且也不能随身携带。所以在能镕铸金属后不久,人们就尝试铸造铜镜。按现在的考古证据显示,中国于公元前2000年的齐家文化就已有铜镜,直径为9厘米,厚0.15厘米,表面平滑,背部有图案装饰,且有纽可穿绳持拿,与后世的形状相同。铜在铸冶的初期是昂贵的材

料，镜子不是维生的必需品，故铸造的数量非常少；战国时代以来铁兵器替代铜兵器，才有多余的铜可铸镜，故存世非常多。大的要放在架子上使用，超小型的不到3厘米，让女士们随身携带，随时可以拿出来顾盼整妆。

  镜子是种近距离观看的东西。镜面平，则映像与物像同大。凹则映像比物大，凸镜则相反，映像要比物形小。铜是质量重而价昂的物质，为了使用方便与省费，最好铸得小些，即要铸成凸面，才能在较小面积内把整个脸照进去。这种球面与映像之间的关系，从文献可推测战国时期的人已有所了解。但要到汉代，镜面才普遍铸成凸面，可知人们这时才普遍领会球面反射的原理。

监 jiān = 監

一个人弯腰向盆子里观看映像之状。

从镜子的花纹
来判断时尚潮流

图2-2中这件罕见的早期方镜有两层结构，以较小且磨光的一片嵌在较大并有透雕装饰的背面。这样制作可能是为了铸出让磨光的一面含锡量较多而有较理想的白色反映效果。青铜的合金成分与其呈色和性能有一定的关系，若以含锡量较低的成分铸纹饰，含锡量较高的成分铸照颜的部分，再套合起来，这样就可有灰白的表面而又坚牢耐用了。

这面镜子的纹样是两对两只背对背，翅膀及回头反顾而嘴相接触的大鸟。也可看成是相对的回头反顾大鸟，翅膀相会成古希腊竖琴的样子。翅膀末梢交会下的三角形及两鸟胸部下的树叶形栏框都镶嵌贵重的绿松石，虽有脱落，还可互补而补足原来的装饰。最中间是动物头形的穿纽。鸟的身上及四周的框缘还装饰精细的几何形纹。东周时代，如此精美的方形镜子实为难得。

有关镜子的形状，唐代以前除偶尔铸成正方形外，其他都做成圆形。其原因不外几个，或因源自水盆照容的传统，水盆绝大多数是圆

美的具体形象
繁复的镜纹

图2-2
青铜方镜，高9.1厘米，东周时期，约公元前5世纪，相传得自河南洛阳附近。加拿大皇家安大略博物馆藏

形，故因之铸成圆形。或因人的脸是圆的，不必浪费材料铸成方形。再者，就铸造的工艺看，圆的铸起来比较容易完美。没有棱角也方便使用。但是人们总会厌烦一成不变的形状，故唐代以来就有很多铸成角棱或花瓣形，甚至是不规则异形的镜子。镜子本来都在背部铸有一纽，可穿绳持拿或悬挂在某物上，有些虽也有镜架可放置以腾出双手来化妆，但背面还是有纽。大概唐、宋时期开始铸成不必穿绳而可以持拿的长柄形状。后来有柄镜子成为主要的形式。至于其大小，小的不足3厘米，可随身携带。大的超过30厘米，就得置于架上使用，不过一般的直径多为十几厘米。

图2-3
布纹底几何龙纹青铜圆镜，径15.3厘米，东周，约公元前400~公元前250年

图2-4
缠枝纹青铜圆镜，径23.2厘米，秦至汉，约公元前250~公元前150年

爱美是人的天性，除镜子的正面要擦磨得有如玻璃般清楚光亮，背面中心有可穿绳索的纽外，背面还要铸上各种美丽的纹饰以取悦用者。各类繁简不等的花纹，大致反映了时代的风尚，可以作为断代的依据。战国时代的镜，与同时代的青铜礼器相似，以简化的神异禽兽、几何图形和线条为多；汉代出现沿自日晷，兼可作六博棋盘的规

矩纹，以及四灵、东王公、西王母、黄帝等与神道有关的形象和吉祥文句；六朝时经常铸十二生肖的图案；隋唐时代除反映佛、道教及传统的鸾凤、云草等祥瑞图案外，出现大量外来的新事物，如海兽、葡萄、狮子等图案。唐以后以铜镜陪葬的风气似乎不盛，纹饰也不若以前的繁缛。除了照颜之外，最晚在汉代开始有铜镜可避不祥的迷信，大概是认为它能使邪物不能隐形，妖邪要被迫回避吧。

甲骨文的"南"字，来源于南方的钟？

钟是利用中空的器物以发声的乐器，因制作材料、悬挂方式、尺寸大小、演奏目的等不同，就有多种名称。图2-5这件叫铙（náo），命名的重点是体内没有舌，演奏时口朝上。如果是小型，拿在手中演奏的，又依形状，分别叫钲铙或句鑃（gōu diào）。

此铙的形制，底下圆锥形中空的柄叫甬，在接近其上舞的部位呈瘤状突出。作用是插入架子时卡住铙体，甬上装饰回雷纹，瘤上有两个乳钉，之间有脊棱，设计很像是铜器常见的兽面纹，或称饕餮纹。舞部平整，从其他的部位空间都填满回雷纹来判断，应该也有同样的图纹。铙体像两瓦片接合的中空状，两面的主题纹饰是以宽粗线条构成的浮雕，大致可看出是一幅颜面，应是商代常见兽面纹的简化。隧

悠扬厚重的钟声

图2-5
通高89厘米,铣间距58.5厘米,鼓间距40厘米,湖南宁乡出土,商晚期,公元前14~公元前11世纪。湖南省博物馆藏

部是一对相向的夔龙,两侧则为相背的象纹。根据报告,此铙纹饰较奇特的是口沿的内侧各有两只卧虎。此铙钟重达154千克,整体让人有厚重雄伟的感觉。

这种铙的器形和西周之后的甬钟完全相同,看起来应是悬吊使用的。可是出土的时候不在墓葬,而是被埋在浅土坑中,大多单独出现,口经常朝上。其主体纹饰的正确位置也是朝上,故学者大都认为朝上是其摆设时的正确方向。有的铙重达200千克,若使用悬挂的方式,架子就要非常高大且坚固,恐怕不容易制造,故认为它是竖立土中,或直立架上使用。由于不是随葬品,故认为是因祭祀山川或自然鬼神的礼仪需要而掩埋的。

商周时代这种大铙都出现于长江以南，尤以湖南最多。甲骨文的"南"字：㓊，作一个用绳索悬挂着的钟形。为什么选用乐钟来代表南方？《仪礼·大射》有"其南笙钟，其南镈，皆南陈"，故有人以为因钟为南方所特有的乐器，或在大型演奏中，钟乐被陈置于南边之故。可是迄今为止，除了装饰用或玩具的小铜铃有可能是悬吊的，用于演乐或宣告的都是手持的。不但这样，甲骨文还有一个贞人的名字作手持乐槌敲打悬挂的钟形（𢻻）。乐槌所敲应是较大型的乐器而不是有舌的小铃。从文字的现象看，商代应有悬挂式的钟乐。令人不解为什么要到西周时代才见悬吊的大型钟。

商代悬吊式的大型演奏钟应该就是这种大铙。器物的形制都有其本身的器用与使用方便的要求。西周甬钟的形式与铙毫无分别，显然是直接取形的结果。很少见到器物的功能变了，器形还会维持原样，不做任何调整的。或许铙本来是直立的，晚商时虽改为悬吊式，但纹饰仍保持传统形式。铜铙的声音大而响亮，远较其他乐器可以远传，具有对大众宣示的效果，可应用于军事或祭祀的乐奏，北方的贵族了解到这种优点，就加以采用。尤其后来更了解到钟体与音调之间的关系，可以铸造一系列不同的音调，演奏主旋律，因此就更加广为铸造了。

南 nán = 南

用绳索悬挂着的钟形。

中国钟的特殊形状和它的发音方式

图2-6所示是一组形制相同、大小有序的十二件甬钟最大的一件。为了能演奏成序列的音程才要做成不同的尺寸。钟的本体都做成扁椭圆的形状，依悬吊的形式又分柄状的甬钟及纽形的纽钟。此长甬中空，上部比下部略为窄些。甬下舞部平整，舞下之钲有错金的铭文，其两侧各有九个突出的枚。此墓尚出两组甬钟，一组的枚较短，一组则无枚。枚的形状常为乳钉状，上面还铸有浮雕，做工非常精致。枚之间有装饰蟠龙纹的平行篆带。钲之下的鼓部也装饰蟠龙纹。钟口两侧的铣边有棱。这些是钟的典型形式。

商代首见演奏多音程的钟类乐器，钲铙以三件成组，偶有五件成组。演奏时持于手中，一人只敲击一件，颇浪费人力，也难取得协调。钟乐在商代，可能因音程少，只是节奏性的配乐，不是乐章的主调。到了西周时就改良为横列悬吊式的，一人敲击多件。这样不但节省人力，也容易操作。所以西周晚期就发展出一种十几件，音调各异

钟鸣双音 平和悠扬

其南笙钟,熏香自烧

图2-6

高152.3厘米,湖北随县出土,战国初期,公元前5～公元前4世纪。湖北省博物馆藏

的编钟。足以演奏主旋律、合众音，名之为龢（hé）钟。

从商代开始，钟身都被铸成扁椭圆的形状，与其他民族铸成浑圆形的很不同。钟声是由协合泛音和比较高的不协合泛音组成。圆形的钟，不管敲击何处，振动的模式都一样，只能发出一个协合泛音。但扁圆形的钟，击在正面的鼓部和两旁的铣部，其振动模式就不一样，会发出不同的泛音。虽有怀疑中国的钟之所以铸成扁圆形，就是为了发两个音而特别设计，但苦无证据。1987年湖北随县发掘出一座战国初期曾侯墓葬，出土很多乐器，其中一座三层L形木钟架，见图2-7，上头悬挂了分成5组的46件甬钟和19件的3组钮钟，每钟均刻有乐音名称的正鼓和侧鼓。如图2-6的这件，在鼓的位置刻有"宫"字，在右鼓的位置刻有"徵曾"两字。宫与徵都是中国的乐调名称，全部有40组

图2-7
曾侯乙墓出土编钟及木架。高273厘米，长1079厘米

图2-8

编钟。最高26厘米。东周,公元前6世纪。这是一套14个尺寸递减的编钟里头的两件,传说它们出自今日河南洛阳的东周京城附近的金村。其他的12件都归日本的住友氏收藏。人们习惯称这套编钟为"骉(biāo)钟",因为它们是由一位姓骉的小贵族定做的

不同的名称。根据测音，它齐备可供旋宫转调的十二个半音。确证古人把钟铸成扁圆，是为了使每一个钟敲出两个不同的音阶，这样可以节省演出场地的空间，演奏者也可悠闲地敲打，不用一直移动。至于铸音调的位置，钟架中层的钟在正面，而下层的却在背面，可知演奏时，钟架的前后边都有人在敲击。

　　钟铸成后都要经过定音的调整，定音之后才刻上正确音调的铭。《考工记》说明其要点：太厚则声不发，太薄则声散。口太张则声迫，内弇则不舒扬。甬长则声震不正。体大而短则声疾而短闻，小而长则声舒而远闻。就是根据这些原则来调音，故每件都有小的长形穿孔、挖刻或焊补的校音处理。此钟的纵向凸带，两铣内角和正鼓部中心近口沿处都有不同程度的磨砺痕迹。

跨越春秋与宋，
作为历史见证之钟

钟是两周时代常见的文物。西周用多件大小有序的编钟以演奏多音程的乐曲。演奏的主要时机是贵族专有的祭祀鬼神与宴享宾客。表现贵族地位的用意大于娱乐，故见于贵族墓葬的数量非常多。秦统一后废封建，改郡国。贵族的地位既不能无条件地继承，阶级的界线不免愈来愈模糊，作为阶级表征的礼乐重器亦因之不振。尤以后来社会富裕，连士族的宴飨也以音乐助庆，演奏音乐的场所就不再限于庙堂。有笨重架子的乐器难于移动，不方便陈设到不同的地方去。就渐以音程完备而轻便的管弦乐为庆会演奏的主调，而钟鼓磬等笨重乐器就大为衰落，成了国家主政的象征，故铸造量大减，同时也不会以之随葬，故汉代之后的编钟甚少出现。

不同朝代 相同形制

图2-9
青铜钟。最高22.4厘米。（左）宋代，大约公元1105年。（右）东周，公元前5～公元前4世纪

事物的发展有时根源于偶发的事件，图2-9中的铜钟见证了两段历史文献记载。左边这件钟的最上部为由两条相向的龙构成的纽，用以穿绳悬吊。钟口平直，这种形式的钟有人称之为镈（bó）。钟体呈扁圆，装饰四区各三行三列，共36枚乳丁。两行枚之间装饰蟠螭纹。钟体中间有纵长的平面可供铸造铭文。一面铸钟律，另一面的铭已被刮掉而重新刻上"大和"两字。窜改铭文是非常罕见的现象，一定有其动机或目的。

从形制看，这个钟的年代应属春秋时代。但钟上改刻的篆书"大和"两字，就文字的风格看应是秦代之后的，因此此钟的铸造和使用历史，就很有探讨的趣味了。

根据《金史》记载，金太宗完颜晟于公元1127年攻破宋的都城汴京（今之开封），洗劫了包括朝廷所用的仪章、钟乐、礼器，超过2000车以上的胜利品。到了1141年金熙宗加尊号，开始使用宋朝廷所制定的帝王礼仪音乐。但因掠夺的钟磬刻有晟字，冒犯金太宗完颜晟名讳，就用黄纸盖住。到了1174年，就议定将犯庙讳的晟字刮去，取大乐与天地同和之义，改刻"大和"。古代文字的使用习惯，大经常作太字使用，因此此钟铭的大和可读为太和。原来此钟原为北宋朝廷所铸，本叫"大晟"，为宋徽宗时代所铸的庙堂乐器。但为什么宋代所铸器物会那么像春秋时代的形制呢？原来也有原因。

宋代是中国有名的慕古时代。经常将从地下出土的古代钟鼎彝器，视为祥瑞之兆，因此，学者开始著录，开展了中国金石之学，也依其形制制作观赏之器。根据《宋史》记载,公元1105年,徽宗时,宋州(宋改为应天府,今河南商丘)崇福院发掘了六件有钟铭"宋公成之歌钟"的古代铜钟。宋州不但在东周时代属于宋国的领域,而且宋太祖也以宋州起家,故徽宗认为这是一种"于受命之邦出为太平之符"的祥瑞。次年就依出土的钟形铸了336件,分别陈设在几个场所。这件应该就是其中的一件,怪不得形制与春秋时代的一模一样。

图2-10
井叔青铜甬钟,通高37.5厘米,铣间20厘米,鼓间15.3厘米,周中期,公元前10~公元前9世纪

图2-11
秦公青铜甬钟,高48厘米,铣间27厘米,春秋早期,公元前8~公元前7世纪

其南笙钟,薰香自烧

头顶火焰的人形：甲骨文"光"字的由来

图2-12所示这件执灯墓俑在早期的博物馆学界里相当有名，除了此文物保存得非常完美，脸孔表情丰富外，有穿衣服的完整人形立体塑像在早期的文物中是非常少见的，此人还佩戴了一枚琵琶形的带钩，都是研究战国衣制的重要实物材料。

为一个人读书、写字的照明服务时，大都用跪坐形式把小灯放置头上以求稳定。甲骨文的"光"字：ᛝ，作一跪坐的人头顶上有火焰之状。火焰不能用头顶着，顶着的必是燃油的灯座。汉代陶灯就有做成这种造型的。如果是为多人的宴会掌灯，就要把灯盘放高，灯芯做大，才能照得远、照得亮。要达到这样的要求，就得使用长柄的灯架放在地上而用手把握住。看此人的上身有点前倾，就是聚精会神把握住灯柄的写实描写。

专注执灯的灯俑

其南笙钟,熏香自烧

图2-12

高26.7厘米,东周,公元前5世纪,加拿大皇家安大略博物馆藏此人两手向前平伸内弯，手指交叉，把握住一个圆管。管子上下穿通，显然是为穿过某东西设计的。所把握的东西最可能是油灯或香炉，以文物的年代推测，所举的较可能是灯盘架。山西长治出土的牛尊立人擎灯也设计成以圆管撑灯的形式。仆人执灯的形象可说是战国至汉代常见之物，推知此人身份是奴仆。

此人脸庞宽大，容貌清秀，两眼很有精神地前视，嘴巴闭着。头戴一顶只堪覆盖头发的小帽，帽上有圆形的装饰物，下端还附有绳子，经过两耳前而在下颌系紧。身穿交领右衽的单薄长袍，和秦、汉陶俑常见的内有厚重内衣的形式很不同，它可能是室内的穿着，或是夏季的服装。束衣服的宽皮带系有早期形式的琵琶形带钩。带钩是为了佩戴重物而设，主要作用并不是束衣，战国时代就出土过几个人像，除束衣带之外，也佩戴了附有带钩的革带，所以革带之内大概还隐藏有窄丝带。

此人赤脚，脚掌交叉的跪坐在小腿背上，下面的底座有可能是表现坐在小席子上。甲骨文就有一字作一人跪坐在席子上之状（ ）。鞋子本来是贵族为方便赤足进入神圣殿堂行礼而临时穿用的东西，到战国时代，不但已演进为一般人所穿用，更有人穿用袜子。某些场所若不脱鞋袜，在当时会被认为是种大不敬的行为，尤其是飨宴的场所。如《春秋·哀公二十五年》记载："卫侯为灵台于藉圃，与诸大夫饮酒焉。褚师声子袜而登席，公怒。辞曰：'臣有疾异于人，若见之，君将鬋（吐）之，是以不敢。'公愈怒。大夫辞之，不可。褚师出，公戟其手,曰:'必断而足。'"卫侯咬牙切齿,不接受褚师脚有病的解释,誓言要砍断褚师的脚,可见严重的程度。《礼记·少仪》记载:"凡祭于室中、堂上,无跣。燕则有之。"在堂上行礼要求优雅,故需穿袜子。饮宴则讲求舒服,故脱去鞋袜。可想见此人正在为某次宴会服务。

光 guǎng = 光

跪坐的人头顶上有火焰之状,火焰不能用头顶着,顶着的必是燃油的灯座。

其南笙钟,熏香自烧

具消烟设计的精巧灯具

商代人一天只吃两餐饭。大约早上七时至九时吃丰盛的早餐，故叫那吃饭的时段为"大食"。下午三至五时吃简单的午餐，叫"小食"。这是典型农家生活习惯的状态。太阳下山不久就去睡觉，以便次日一清早就去田地工作。既然没有经常的室内夜间活动，就用不着专用的灯具。当时的社会使用灯火的机会不多，就算有重要的事发生，非得使用灯具，也可能就临时借用吃饭的陶豆，于点火照明后又恢复其盛饭的功能，难以觉察它曾一度用以照明。灯具既不普及，也没有专用的灯具，故被发现的机会也相对减少。

从考古的证据看，专用的灯具始自战国初期。春秋晚期以来由于铁器的大量使用，生产效率大为提高，整个社会面貌起了极大的变化，开始可以从事非生产性的活动。同时也因有利可图之故，而使很多人或自愿或被迫从事夜间劳动。夜间的活动既然大增，就有必要使用专用的照明器具了。

通体鎏金的长信宫灯

其南笙钟,熏香自烧

图2-13
高48厘米,重15.85千克,河北满城出土。西汉,公元前206～公元25年。河北博物院藏

　　图2-13中的这件鎏金青铜灯出自中山王刘胜之妻窦绾的墓葬。灯上好几处有铭文,其中有"今内者卧""阳信家""长信尚浴"的字样。"内者"是指内廷事务部门。"阳信"指汉武帝之姊阳信长公主。"长信"则是汉景帝时皇太后窦氏所居之宫名。据灯上的铭记,此灯可能铸于汉文帝七年,在宫中已传用好几个地方。中山王刘胜为

汉武帝之庶兄。窦绾可能是窦太后的亲戚。刘胜与窦绾都有可能从不同的途径获赏这件非常珍贵的制品。

设计的主题是跪坐掌灯的宫女。此宫女细眉细目，鼻端正而嘴巴小，予人秀丽的感觉。头上用巾覆盖头发，折叠有如冠状。内穿厚重内衣，外罩交领右衽的宽袖长衣裳，再套上一件交领右衽的窄袖短衣。想是天气比较冷的穿着。双脚跪坐在腿上，左手握持灯座下，右手宽袖罩住灯罩，两眼平视，呈温和端详之状。此灯尺寸之大、之重非其他灯具可比，而且通体鎏金，若非皇家，不配使用如此奢华的东西。

东周的灯具，设计只顾及盏盘的数量、灯座的造型、装饰的手法，虽然盏盘有多到15个，装饰也用了当时最贵重的鎏金手法，但都还没有考虑到消烟的问题。图2-13这个灯由9个部分组成：宫女体内中空，可注进水；头部、右袖、灯罩、灯盘、底座都可拆卸；灯罩可开合，灯盘可转动，以调整光照的大小以及照射的方向。燃火的烟则通过右袖筒，缓慢地与注于体内的水融合，大大减低屋内被灯火的烟熏黑的缺点。

如何把消烟装置与整体造型的设计融合成无瑕疵的艺术品并不是简单的事。其他的作品，如加拿大皇家安大略博物馆所藏的龟上立鹤形青铜灯座（如图2-14所示），以鹤的颈子作为导烟管就很自然。但是南京博物院所藏的牛形错银青铜灯（如图2-15所示），在牛头上多了一条粗管子，就显得不太协调。

图2-14
龟上立鹤形青铜灯座,高43.3厘米,西汉,公元前206～公元25年。由五个零件组成,可调整光照角度及消烟设计

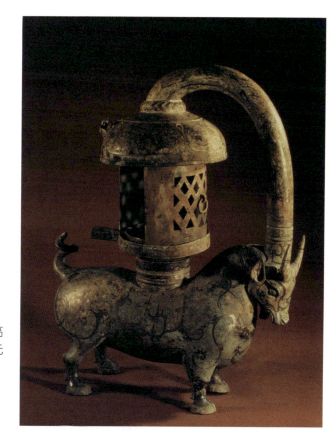

图2-15
牛形错银青铜灯,高46.2厘米,东汉,公元25～公元220年

"明""搜""幽"：从甲骨文字形看古代照明用具之设计

　　室内的照明措施是文明的标志之一，表示人们有相当多的夜间活动。在野蛮状态，人们主要的活动是寻找食物。天一黑就去睡觉，以便次日能早起去寻找食物。房子只是晚上栖身及遮风雨之用，夜间的照明对他们来说，是没有什么重要意义的。后来发展到在屋中烧食，人们在屋里的时间无形中加长，就有必要再开个通风、照明的开口。半地下穴式的房子就在屋顶开孔以引进光线。当房子盖到地面上时，为减少雨露的渗漏，就在墙上开窗户。就算有时需要出去走动，也可以借重朦胧的月光。虽然只有在月圆前后期间，月光的亮度才能提供一些作用。但因它是不费劳力的自然光源，也因此即使是到相当文明的时候，人们依然会借重它微弱的光明。商代的"明"字：⦅⊛⦆，以窗及月表意，表现这种引月光入窗，免费利用光源的行为。

旧石器时代的人就知道火能照明，甲骨文有一"叟"字，即后来的"搜"字：𦥔，作手持火把于屋中搜索之状。茅草屋里使用火把相当危险，不是理想的照明用具。虽然也可利用烧煮食物的火膛照明，但其范围有限，对于屋子里大部分的地方都无法照顾到。一旦文明更进步，人们就不再满意以火膛来照明了。他们另想办法，终于有灯烛的使用。专用灯具始自战国时代，此时由于铁器的大量使用，生产力大为提高，社会面貌也起了变化，可以想象生活内容渐渐丰富，贵族们的夜间活动更是大为增加，点灯从事生产也划算，因此专门照明用具逐渐盛行。

古代的灯光大半微弱而且有黑烟。因为甲骨文的"幽"字：𢆶，作一火与两线小丝之状，以表现"火烧灯芯，光线幽暗"之意。推测当时所用的燃料大半是植物油。但到了战国时代，就有使用动物脂肪为灯的燃料。《楚辞·招魂》为招徕亡魂回家而描写的舒服家居景象中，有兰膏明烛的形容。兰膏指有香味的灯油，非常讲究。

图2-16中这件制作精致的树形灯座有十个灯盏，显然设计的概念来源自帝尧时期后羿射下九日而留下一日照明的故事。这件作品可以完全分解组装，方便收藏与搬移，和现代商业思想不谋而合。除基本的树干与以两条蟠蜷的龙为主题的透雕座盘外，其叶子、盏盘、S形的树枝支撑都是可以拆下的零件。每个盏盘的一边都有个突出的插孔，可以插叶状的盖子，其中央则有一支烛扦，可用以系绑灯芯。透雕的叶状盖子会使光芒有向四周放出阴影图案的效果。

经过精心设计的树形灯

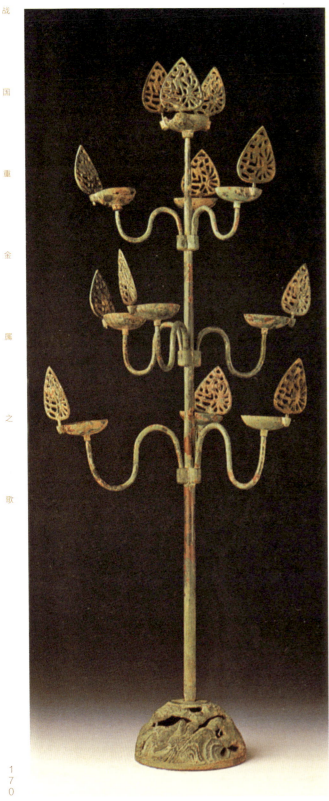

图2-16
高79.7厘米,东汉,公元1或2世纪。加拿大皇家安大略博物馆藏

明 míng

明 = 明

以窗及月表意,表现这种引月光入窗的免费光源利用。

搜 sōu

搜 = 搜

甲骨文有一『叟』字,即后来的『搜』字,作手持火把于屋中搜索之状。

幽 yōu

幽 = 幽

一火与两线小丝之状,以表现『火烧灯芯,光线幽暗』之意。

为什么王族喜欢随葬骆驼俑?

汉代之前对于骆驼的名称非常多样,有骆驼、骆馳、橐(tuó)他、橐佗、橐它、橐驼、橐馳等。有时同一书也有不同的写法,如《史记》的《大宛列传》作橐它,而《匈奴列传》作橐馳。多样的名词或许是因骆驼不是中土的动物,故使用外语音读译写的结果。骆驼的特征是背上有驼峰。单峰骆驼产于印度、近东及非洲北部,肩高约二米。双峰骆驼栖息于亚洲中部高地,比单峰的较矮,站立时驼峰约高二米。大概双峰骆驼的产地比较接近中原,文物所见的都是双峰。

骆驼的四肢长,脚趾宽大柔软,能在沙上与雪上行走,奔跑时两侧的前后肢同步,形成独特的步态。耳孔有毛,鼻孔也能够闭合,视力与嗅觉敏锐,有利寻找水源。骆驼能食用粗糙的植物,还能将脂肪储存于驼峰,保持数日不进食、不饮水,且能迅速饮水补足储水量,10分钟就可饮水25加仑(1美制加仑约合3.79升,1英制加仑约合4.57

升），故能适应沙漠的干燥与缺水的生活。其性情温和，过群体生活，对于需要在沙漠中谋生的人们而言，它不只仅供骑乘、载货，其毛、皮、奶、肉都非常有用，甚至必要时人们还可以取用驼峰里的水活命，是沙漠旅行者必要的家畜。

图2-17这件青铜器是燃火照明的灯座。造型是一位奴仆双手执灯，骑在骆驼上。此人所执的筒形透空座，可插入一枝顶灯盘的插柱。这个灯的造型有两点让人觉得不自然。一是人与骆驼的尺寸比例很不协调；二是乘坐的姿势不对。这些错误代表制作此座灯的人对于骆驼并没有很充分的了解。这位掌灯者的姿势一般是在平面上跪坐才会有的。侍奉于筵席前的赤足跪坐执灯俑，已有数件战国时代的出土物，想来是设计者没有思考过合理性就刻板地把其形象移植到骆驼上，因此没有塑成垂足的正确姿势。

中国早期历史活动的范围不在沙漠地区，故无缘认识骆驼。到了东周时期，由于经济利益的冲突，才和西方的游牧民族有较频繁的军事交锋，也因此有需要对这种沙漠中唯一的运输牲畜有较多的认识。刚开始就像这件文物的制作者一样，对骆驼的认识应该是贫乏的。在文献中首先提到骆驼的是战国晚期的《山海经》，有"阳光之山，其兽多橐驼，善行流沙中，日行三千里，负千斤"的描述，把骆驼最基本的特征都说清楚了。

图2-17这一件可能是战国时期唯一以骆驼造型的文物。汉代的墓葬中骆驼还少见，但是当公元6世纪早期游牧民族入主中国北方后，一

象征财富的骆驼

图2-17

通高19.2厘米,盘径8.9厘米,湖北江陵出土,战国中晚期,公元前4~公元前3世纪。湖北博物馆藏

直到唐代维持丝路贸易隆盛的时代止，骆驼就成为随葬常见的明器了。其形象多变化，有站立、跪卧，或翘鼻嘶叫、默然低头，姿态万千，件件总有不一样的地方。

骆驼俑有几个特征，一是背上常负载大量货物，代表财富。骆驼的负载力惊人，有一件在背上架设的平台有身材胖硕的男女七人乐

图2-18
驮货跪伏骆驼陶俑，高24.7厘米，北齐，公元550~公元577年。山西省考古研究所藏

团。有时还很逗趣地在水袋上塑只骚动的猴子。二是常伴随异族形象的牵夫，因它是域外的动物。唐代以后骆驼形象的美术品虽因陆路贸易的没落而消失，但诸侯王以上品级的墓葬神道就保留了骆驼作为远方朝见、国运兴隆的象征。

金文"熏"字与塑造仙乡景象的博山炉

图2-19中的这件文物叫博山炉,特征是盖子像一座山峦之形。相传博山是仙人所居之处,秦汉人追求长生,希望接近神仙,故常做成这种形状。炉下为支脚,有柄圈足,或为人物造型。作用是焚香,材料有陶、金属。这个博山炉通体用错金的方法,装饰着形状不定、漂浮多变的流云纹。器座的圈足装饰腾出水面的透雕蟠龙三条。盖子是多层的峻峭峰峦形,山峦间有神兽奔走、小猴嬉戏、猎人追逐野猪等生动的画面,还隐藏多个透空的孔洞,使峰峦更觉深邃,器身错金的飘动云气也与山峰间的云气配合,整体像是一座由蟠龙顶托着的神山。这件错金的做工非常精细,有粗有细,流畅的线条把整个山峦的飘逸气氛都衬托出来了。这样的作品出自王侯的墓葬,一点也不令人意外。

人类一直在想办法让生活过得舒服,在住家方面,不但空间要大,建材要理想,气氛也要有相当程度的配合。从文字可推断,起码

博山炉

金炉香炭变成灰

图2-19
高26厘米，重3.4千克，河北满城中山王墓出土。西汉，公元前206～公元25年。河北博物院藏

从西周起，人们就想让呼吸的空气舒服些。金文的"熏"字：🕮，作一个两头都束住的袋子中有物之状，从使用的意义可以推知此袋为香囊，里头装的是干燥的香味花瓣一类的东西。香囊可以杂放在衣服中让衣服沾染香味，也可以佩戴走动，随处生香。这反映对住家生活的改进。

古代的文献经常谈到使用薰草。它是种禾本科的植物，也称蕙草或兰蕙。它自身能放出香气，也可以焚烧的方式扩散香气，故有"熏以香自烧，膏以明自销"之句。薰草生长于湖南两广一带，取得不难，故秦汉时代使用熏香甚为普遍。到了西汉中叶，对闽、广渐有认识，也和西亚较有贸易接触，知悉龙脑、苏合等树脂类香料。龙脑为树干中所含油脂的结晶，产于福建、广东，以及南海、波斯等地。苏合产于小亚细亚，为金缕梅科乔木。这两种材料的芬芳馥郁都远超过薰草，自然乐于采用而渐取代之。这些树脂类的香料不能直接用火燃烧，须经过捣打的步骤制成粉末，然后才撒入炉中的承接器，间接用炭火加热，才不会燃烧太快而费钱财，因此不得不改变焚烧的方式。博山炉之类的新器具便因之产生。梁吴均《行路难》的诗句"博山炉中百合香，郁金苏合及都梁""玉阶行路生细草，金炉香炭变成灰"就具体描写出博山炉焚香的情况。此种器要做成深腹的形状，以容纳炭火，并加上盖子使氧气不充分而好减少香料的耗损，山峦隐蔽处也做成烟孔，使香气能够逸出。

焚香本来是为自己增加生活的情趣而做，对于神仙当然要以人们

图2-20

四连体方熏炉。高14.4厘米,广东广州出土。西汉中期,公元前2～公元前1世纪。西汉南越王博物馆藏

最珍贵的事物去礼敬,因此焚香自然也成为信仰的方式之一,甚至成为主要的功能。南北朝以来佛教盛行,焚香渐成为宗教的行为,焚香的器具也稍有变化,成为特殊佛具而少见于家庭。到了北宋更制成方便使用的棒香,就成为宗教专用的物品了。

图2-21

青铜香熏，高12.7厘米，口8.5厘米，战国中期，约公元前4世纪

图2-22

青铜香熏，高10.4厘米，口8.9厘米，战国中期，约公元前4世纪

图2-23

透雕青铜香熏，高16.2厘米，口5厘米，底8.1厘米，战国早期，约公元前5世纪

其南笙钟熏香自烧

熏 = 薫
xūn

一个两头都束住的袋子中有物之状,从使用的意义可以推知此袋子为香囊,里头装的是干燥的有香味的花瓣一类的东西。

甲骨文"冓"字为什么被当作交接联系的代表？

图2-24中的这件文物叫铜构件，作用是把两段或多段木头连接起来，兼带有色彩和纹样的装饰效果。它的造型多样，有直形、曲形、叉形、不规整形，里面都是贯通的，用以容纳木构件。有时外形非常复杂，还带有可以转动的活页，用以调整木构件连接的角度，变化区隔空间的大小，充当不同的用途。这个铜构件，外露的两面装饰蟠螭纹，曲形的两端作三尖齿形，表面可以看出有几个小钉孔，是用于插钉，使嵌入的木材和铜构件的位置固定。隐藏的部位不必美观，故做成透空的框框，以节省材料。这一件已有两处的损坏。建筑用的铜构件不是为了国家的大事所铸造，造型也不很优美，不是热门的收藏，故少见介绍，但它代表春秋时代建筑上的一种新创举。

建筑上的创举

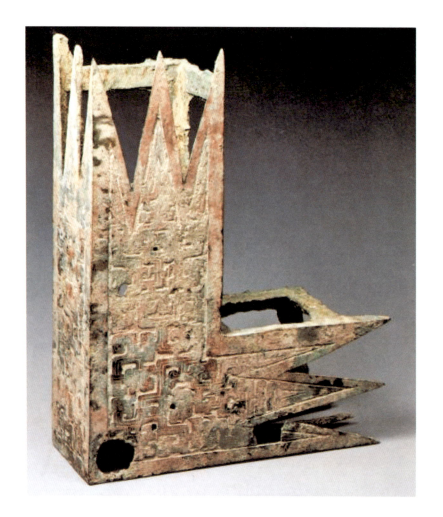

图2-24
长42厘米,宽16厘米,陕西凤翔出土。春秋,公元前8～公元前5世纪

稍微进步的房子都不能只由一根木头完成，建造家屋首先面对的一个困难，就是如何维持木头与木头交接处的稳固。6000年前陕西西安半坡村落的房子，墙壁和屋顶已用很多木柱构筑，木柱与梁的交接只见以绳索捆缚再加泥涂固定，没有发现使用榫卯构件的痕迹。这种构筑法反映在甲骨文的"冓"字：𣪘，它表现两木构件相互交接并加捆缚之状。从发掘的现象看，我们可以得知古人已了解到两根木头交接的地方要稍微削尖才容易捆缚。人们用冓字表示各种与交接、相会有关的意义，后来以各种形符加到冓字之上以区别各引申义，于是形成了构（構）、觏、篝、媾、遘、沟（溝）、讲（講）、购（購）等从冓声而与交接的概念有关的各个形声字。

中国南方可能由于比较温湿，不适合像北方一样经营半地下式的穴居，所以很早就开始发展杆栏式的住家，即先在地上竖立多排的木桩，然后在桩上架屋。这样的木结构较复杂，6000多年前的浙江余姚河姆渡遗址，已见采用榫卯的方式加强木构件的牢固，那是将交接处的木头，一端挖出一个孔洞的卯，一端凿出一个凸出的榫，凸出的榫套入卯眼，两根木头就被连接而固定了。这种技术相当费工，接触处可能也比较脆弱，到了商代还是很少使用这种方式建屋。

铜本是贵重的材料，早期主要用以铸造祭器与武器。春秋时期铁的使用逐渐普及，尤其是钢的锻造技术被充分掌握后，钢铁的锐利与耐用非铜器所可比拟，故铜作为武器的材料，首先就逐渐被铁所取代。铸造祭器的功能也终被轻盈艳丽的漆器所代替。铜就被转用到其他的用途，开始大量出现铜带钩、铜镜、铜灯，以及替代榫卯的铜构件，作为木材的框架。铜构件不但能强固木材的结合，也增加其色彩的辉煌。到了汉代，一来可能由于木材的缺乏，二来以小条砖砌墙，更坚固耐用，就舍弃铜构件的使用了。

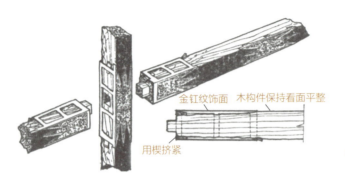

图2-25
铜构件套合示意图

图2-26
青铜构件，高23.5厘米，长31.5厘米，战国中期，约公元前4世纪

冓 gōu = 冓

两木构件相互交接并加捆缚之状。

花俏美丽的带钩装饰

皮带是东周至东汉时期常见的衣饰用品，两端一为带钩一为圆环。带钩的基本造型由钩首、钩体和钩纽三部分组成。钩首显落于外，作用是钩住另一端的环以束紧衣服或让带子卡在腰上。由于其形体小，又不是展示的主要部分，因此大都因势铸成简单的动物头形。钩纽是个突出的圆纽，用于固定在革带上，隐藏于内，不必有任何装饰。钩体是展示的最主要所在，故各式各样的变化就在这一部分。

皮革是游牧民族比较熟悉的材料，加上带钩有犀比、犀毗、胥纰、私紕头等显然是外来译音的名称，因此不少人以为它是骑马民族引进的服饰。但是根据几十年来的考古工作，发现其传播途径是从三晋与关中的中原地区逐渐向四周扩大的。游牧地区反而很少有这一类东西的发现。它出现于春秋中期，战国时最盛行，汉以后就衰落了。

中国的衣带不仅用以束紧衣服，也在其上置钩以悬挂日常用品及装饰物，如剑、弩、刀、钱囊、镜、印章、佩饰等。

几乎所有固体的材料都可制作带钩。因为它在服饰上相当显眼，故有钱人往往以最昂贵的金、银、玉、玻璃等材料制作或装饰。穷人家就以铁、石、骨，木、陶等为之，但绝大多数存世作品是铜铸的。其尺寸颇为悬殊，小的不到2厘米，长的有达46厘米。不过一般是10厘米上下。钩体一定做成有弧度的，以符合腹部的弯度。基本形状有

图2-27
鎏金镶嵌绿松石带钩，长20.5厘米，战国，公元前403～公元前221年

宽板、窄带、一端膨大等三种，每个类型除形体的变化外，还有加上几何线条、动物、人物等平面、浮雕或立雕纹饰，或镶嵌不同颜色珍物等的繁多花样。图2-27这件，鎏金又镶嵌绿松石，材料很珍贵，但设计平常，属窄长形。

带钩的优点是只要稍微吸气，就可快捷地戴上和取下。缺点是其长短要依个别的腰围而设，身材变了就不便使用。其兴起与衰微也和其优、缺点有密切关系。它原是为携带某种不常用的重物于腰带而设，有需要时才戴上，并不作为束衣之用。但因它有束衣之效，因此也被利用而渐渐取代捆绑的丝带。所以战国的人像，有时明显看出身上有两条束衣的带子。里头的是纺织材料制成的部分，才真正负责束衣的功能。外面是革带，其上还悬挂刀剑。

春秋时代携带的量重而不常用的新事物是铜剑。西周以来剑的使用愈来愈多，春秋时已成贵族普及的装饰用具。它悬挂在革带上，家居时不佩戴。外出有需要时才加到丝织的腰带上。带钩最先并不被当作装饰用具，故早期的作品都短小而粗陋。到春秋晚期普遍使用带钩时，才有以显示为目的而制作的精美大型带钩，后来大概因为源自骑马民族的带扣，束衣的功能更为稳牢，以后就逐渐被带扣取代了。再加上西晋规定上殿以木剑取代铁剑，可能也是带钩不振原因之一。目前似乎只有穿袈裟者使用，也是着眼于易穿易卸。

其南笙钟熏香自烧

图2-28
鎏金镶嵌玉、玻璃银带钩，长18.4厘米，宽4.9厘米，河南辉县出土，战国魏国，公元前4～公元前3世纪

图2-29
错金银犀形青铜带钩，长17.5厘米，高6.5厘米，四川昭化出土，战国时期巴国，公元前4～公元前3世纪

图2-30
三人乐奏青铜带钩，长4.5厘米，宽1.9厘米，内蒙古准格尔旗出土，西汉，公元前3～公元前1世纪

图2-31
错金银虎纹青铜带钩,长10厘米,战国,公元前403~公元前221年

其南笙钟,熏香自烧

玉六器，礼四方

叁 权位与信物——玉六器,礼四方

家家户户必备的时间测量工具

从甲骨文的「取」字,看古代的军事习惯

甲骨文「凤」字跟古代语言的关系

黄帝为什么叫「黄」帝?

象征统治者端庄优渥的「璜」

见剑如见我:代表贵族身份的宝剑

在墓中放入玉石做的马,是想骑着去哪里?

象征转化新生的玉蝉

佩戴玉佩,就可以长生不老?

家家户户必备的
时间测量工具

　　古玉的制作有几个大类。其中比较重要的类别，是那些虽然没有多大的实用价值，但作为权位象征的玉制品。一是直接仿制刀、斧等类的武器或工具的形状，二是由武器、工具变形的圭、璋、璜、琮等，都是礼仪的用具。它们是大贵族赏赐给小贵族作为合法权位的信物。一如非洲内陆的土族，没有拥有海贝就没有担任酋长的资格。中国古代也许有类似的习俗，所以贵族们不惜金钱也要取得它。

　　图3-1中这柄玉制的戈形器物，学者称之为玉戈。戈是一种捆绑在柄上的杀敌武器，是商周时代常见的随葬器物。这件玉戈的内部有一个小孔，看起来是为了增加捆绑的强度而设计，就像实用器一般，但

量影玉戈
掌握时间的象征

图3-1
长94厘米，宽13.5厘米，盘龙城出土。商中期，约公元前15世纪。湖北省博物馆藏

是一般的戈长约40厘米，这把戈的长度竟达94厘米，如果将它捆绑在柄上，将很难保持平衡。玉戈本来就没有杀敌的功能，乃是充当仪仗以标示威权的作用；尽管如此，也还是会讲究方便使用。这件玉戈有尖端，可以作为计量时间的日晷使用。很可能玉戈就是从测量日影的仪器而转化为统治阶级权威的象征。

越是文明的社会越会注重时间的价值，也要求对时间作更精细的测量。以太阳在天空的位置来表示或计量白天时间的长度是很实际的做法。中国起码在公元前7世纪春秋中期时，已经有使用土圭以测定冬至与夏至日期的方式。以土圭测影的方法颇为简单，就是立一支长竿于地上，以测量各季节日间太阳投影长度的变化。夏至影低而日照长，冬至影长而日照短，可以依照投影长度的变化速度以测量正确的时间长度。

小篆的"圭"字，为两土相叠的形状。字的初形应该是一支长竿及倒影的形状，为了书写的便利才写成相叠的土字。西周毛公鼎铭文有"锡女兹 ㄐ（字形像两手捧着圭璋一类器物状），用岁用政"的句子。意思大致说，赏赐给你这件东西，希望对你在岁月的测量以及行政的管理上能有所作用。图3-1这件玉戈的尖端，完全可以当作标杆使用。看来商代应该有测量土圭侧影的设施。

图3-2
谷纹黄绿玉圭，长22.4厘米，宽7.1厘米，战国，公元前4～公元前3世纪

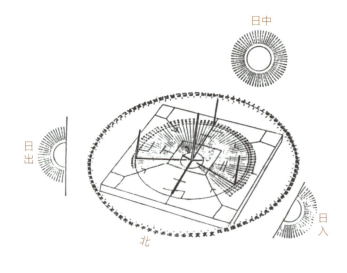

图3-3
汉代日晷使用示意图

玉器中有一类中央尖的叫圭，如图3-2所示，是戈形制的对称化，也暗示出长玉戈的原始用途可能是为了测量光线的投影。在古代能够预知或确定季节的东西，很可能会被认为有神秘的力量，因此替这件工具增加了权威感。到了汉代，测量日影以测知时间的举动更加平常，所以有袖珍铜圭尺的铸造，使用时打开，平常合成柄状的匣子，非常便于携带。

这种利用投影长度变化的原理以测量时间的方式，有更精细的工具日晷。那是在一块石板上刻上许多由中心点向外放射的线与点，在约四分之三的圆周上刻有69道点线及数字，并在其间刻上一些作为定点或校正用的记号，如图3-3所示。点上可以插几支细竿以观测太阳出入的角度，并用来校定时间。其构成的图案与当时的六博棋盘及铜镜上的规矩纹一模一样。可以想见日晷的应用必定很普遍，并被利用作为游戏的道具。所以规矩纹铜镜除照颜以外，还可以计时和游戏，是家庭常备的多用途器具。

图3-4
戈形玉璋,长38.2厘米,四川广汉三星堆出土,商,约公元前1300~公元前1000年

图3-5
各类玉制礼仪用器(戚、璧、刀),杂质绿、棕黄玉。最大长度33.1厘米。新石器时代,公元前3000~公元前1000年

图3-6
玉戈,长43厘米,偃师二里头出土,约公元前21~公元前17世纪

圭 guī = 圭 土土 土土 土土 圭

土

两土相叠的形状。字的初形应该是一支长竿及倒影的形状，为了书写的便利才写成相叠的土字。

从甲骨文的"取"字，看古代的军事习惯

图3-7所示这件使用阳起线纹磨雕的玉佩，主题是一个戴高羽帽的人头。其设计和图3-8所示江西新干出土的戴羽冠人头形玉佩几乎相同，可以互相比对。这一件两面的纹饰都相同，推知是作为垂吊于腰际，两面都可展示的佩饰。新干的玉佩虽只在单面琢磨纹饰，用途应该没有不同。

头戴羽冠的人像最早出自距今四五千年前浙江良渚文化出土的玉钺与玉琮，有一个人骑在某一种动物上面的形象。骑兽者的身份

表情凶狠的人头玉佩是杀敌的勋章

图3-7

高4.3厘米，商晚期，约公元前1400～公元前1100年。加拿大皇家安大略博物馆藏

图3-8

戴羽冠人头形泛白玉佩。高16.2厘米，宽7厘米，厚0.4厘米，江西新干出土，商晚期，公元前1400～公元前1100年

可能是王者。但这两件玉雕的人头像却不能如此看待。良渚的骑兽者有着一般人的容貌，而新干玉雕的人形却作獠牙露齿的凶恶形状。图3-7这件玉雕虽然没有雕出獠牙露齿的样子，但嘴巴两旁上卷的双勾线条，看起来就是简化的獠牙。凶恶的脸容是这两件玉雕的主要特色，它和良渚玉雕所要表达的骑兽者拥有神力且备受尊敬的用意是完全不同的。

这个人像是鬼神？是君王？还是部属？为什么古人要佩戴它，是为了美观？身份？还是为了避邪？一连串的问号等待着回答。面对文物，最难把握的就是其社会背景与制作动机。加拿大皇家安大略博物馆藏有一个鎏金青铜人头，长长的头发被束括成一把的尖状，后面有个小纽可以缝在衣内。它也是一件展示品，只是容貌并不凶恶。在中国古代，头发不打髻可不是一件值得赞美的事，大半是如同罪犯者一般，不能控制自己外观形象时才会有的。

古代有一种献馘（guó）的仪式，是国家有关军事的隆重庆典。《礼记·王制》记载："天子将出征，……受命于祖，受成于学。出征，执有罪；反，释奠于学，以讯馘告。"意思是说胜利的报告要在学校举行，并把抓来的战俘以及砍下来的敌首献上。学校是古代的军事训练场所，所以要在那里献馘。军事成就是古代统治者最喜欢夸耀的政绩。《逸周书·世俘》记载周武王于克商后，曾至周庙举行过四次的献馘典礼。周王朝后来不但自己举行献馘，也要求诸侯国有义务在军事上获得胜利时，前来向周庙献祭捕获的敌人首级。

把敌人的头砍下来领赏，是古代各国普遍的活动。《左传·僖三十三年》就记载晋国的先轸不穿甲胄而进入狄人国界打仗，不幸战败而被割去头颅。后来狄人归还他的头，颜面竟然还如同活着一般。这种习惯甚至反映于古代的文字。甲骨文的"戡"字：，就是形容代表头颅的眼睛被悬挂在戈上的形状。有时候头颅过重不便多带，所以对于不重要的敌人，只割取左耳以为杀敌的信征。甲骨文的"取"字：，作手拿着耳朵的样子，耳朵既能拿在手中，当然已经被割下。战国时代秦国鼓励士卒杀敌，以斩首多寡定功论爵，无疑是学自甚为古老的习惯。杀敌是件值得炫耀的事，台湾地区的先民以前有个习俗，杀过敌人的勇士才有资格在帽子上嵌镶海贝，其心理与佩戴人头玉饰有相同的地方，都是表达有过战功。

聝 guó = 聝　𢦏 𢦏

就是形容头颅的眼睛被悬挂在戈上的形状。

取 qǔ = 取

作手拿着耳朵的样子，耳朵既能拿在手中，当然已经被割下。

甲骨文"凤"字跟古代语言的关系

  图3-9中这块平面的玉雕,以简要的轮廓和透雕的技术琢磨出凤鸟的形状,两面都以阴线浮雕出相同的纹饰,翅膀上还用阳起的线条表现出排列有序的羽毛。这只鸟的头略为下倾,两翅没有伸展,长尾下垂,看来是休息于树枝的样子。但是这件玉佩中间部分的外侧,即长尾巴的前端,附带了一个和造型无关的孔纽,显然是为了穿过绳线佩戴而设计的。如果以这个孔纽穿绳佩戴,则凤鸟不是直立而是横摆的,但横摆时又不像是展翅飞翔的姿态。不知到底是如何悬吊的。

南方的吉祥动物
具备贵族品格的凤

图3-9
高13.6厘米,厚0.7厘米,河南安阳妇好五号墓出土。商晚期,公元前1300～公元前1200年

或许是串通头上的羽冠与此孔，而让凤鸟直立？

这件玉雕线条优美，琢磨精巧，晶莹鲜润，无疑是商代的一件精品。虽然商代的玉雕刻画技巧还难以作出精细的线条，纹饰时常比较简要，但这件玉雕对于我们了解凤鸟的形象仍然是很有帮助的。通过与商代甲骨文的比较，大致可了解其较确实的形象。甲骨文的"凤"字：，被假借为风，作一只凤鸟的形状。此字特征有二：一是头上有羽冠，这件玉雕有详细造型，三簇纵列的羽冠，可补文字描写的不足；二是从文字来观察，长的尾巴有特殊的形象，膨胀的末端还有分歧，相较之下，这件玉雕显然没有确实表现尾巴的部分。

古人不会作没有根据的幻想，古代的图案原先应该都是取自实际生存的动物，后来可能由于气候改变的原因，该动物迁往他处，以致人们见不到真实的形象，就逐步改变形象，以致最后成了不存在的东西。中国在3000年以前的气候较现在温暖得多，一些现在已见不到的动物，如象、解廌、犀牛，在商代都是常见的。从这件玉雕以及甲骨文的字形看，凤大致是孔雀一类禽鸟的写生。后来神化了，逐渐以九种不同动物的特征凑合，除基本的鸟形外，又加上麟前、鹿后、蛇颈、鱼尾、龙文、龟背、燕颔、鸡喙等形态，当然就成为不存在的神物了。

凤鸟被当作代表南方的吉祥动物，有可能就是因为它是南方的禽鸟。"皇"字的字形：，就是以美丽的长羽毛装饰在帽子上的概念创造的。在古代，使用美丽的羽毛也是贵族的特权。也许因此被赋予人间贵族的品格,传说凤非梧桐树不栖,非竹实不食,非醴泉不饮,显然是一位彬彬君子的形象。

凤在商代被假借为风使用,后来有在凤鸟字形加"凡"声与"兄"声的两种标音形态:🦅、🦅,有学者怀疑在更早的时代,中国的语言是复音节的,后来才变成单音节,风字的两个标音就是其残存的遗迹。有些古代的单字名词后来写成两个字,譬如廌成为解廌、解豸、獬豸;蛛写成蜘蛛,蚁写成蚂蚁。还有一些双音节的词汇,如仓庚、忍冬、蜈蚣等,都有可能是古代多音节语言遗留的痕迹。

凤 = 鳳
fèng

被假借为风,作一只凤鸟的形状。

皇 = 皇
huáng

以美丽的长羽毛装饰在帽子上的概念进行创造。

黄帝为什么叫"黄"帝？

由多种颜色的珠玉所组成的玉佩称为杂佩。图3-10中的这件主体是一块有浮雕纹的梯形玉，其下连缀十串玉珠、玉管、玛瑙珠、骨珠和骨管组成的饰物。出土时位于主人胸部，较可能属于周民族系统的女性所有。商民族的玉佩多系在腰际，少见到胸饰。这十串珠饰太过拥挤，佩戴的时候可能会相互挤压而致高低不平，所以设计成最旁边的两串联合起来，压在其他八串的上头，这样就可以比较平坦展开。其造型虽不特别，但属于古代很少见到的女性胸前装饰物，所以也很珍贵。

考古发掘证实中国在距今7000年前就开始使用玉材制作器物。那时尚是人人平等的社会，除了借用玉的美丽色彩外，别无其他的作用。以偶然获得的美丽石块磨制成装饰物，是属于玉器使用的第一个阶段，就是为了美丽的作用而制作。

但是到了距今5000年前，阶级开始分化，有人聚积了财富，成了统治阶级，就想到了使用罕见的东西来装扮自己，彰显高人一级的社会地位。这些东西最好是一般人没有能力取得的，所以世界各地都出现了穿用罕见的金银、齿贝、毛羽服饰的贵族阶级。玉的质地坚实，

玉六器,礼四方

美丽玉石的象征意义

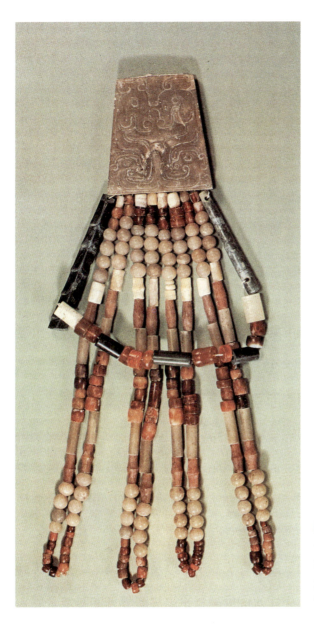

图3-10
长约30厘米,河南省平顶山市应国墓出土,西周晚期,公元前9～公元前8世纪。河南博物院藏

如果磨成薄片并将之串联成组,行动趋走之际还会相互撞击,发出清爽悦耳的声音。如果以之作为璜佩,还有节制步伐,增加肃穆气氛的效用,很能表现统治阶级不事生产,优渥儒雅的形象。当时中国本土

并不生产玉材，有意以远地的产物彰显身份的作法，就进入了玉器使用的第二个阶段，具有代表身份的作用。

中国进入第二个玉器使用阶段的历史人物是传说中4700年前的黄帝。历来以为黄帝的取名来自顺应土德而崇尚黄色的阴阳五行学说。其实中国古人普遍喜爱鲜艳的红色及黑色，并以之作为尊贵者的装饰颜色。战国时代的人大概根据周代尚赤的事实，应用五行相生相胜的新理论，附会黄帝的名字，推演上古各个朝代所应崇尚的颜色，才得出黄帝取名是因为得到土德、崇尚黄色的不正确结论。

甲骨文的"黄"字字形：🦴，本义是璜，就像一组玉佩的形象。中间是主体的环璧，环璧下则是作为垂饰的冲牙以及双璜。有人猜测玉佩的起源，大概源自携带可挂于腰际的工具或有关战争的石制武器，之后发展成为礼仪用器的圭璋，再从圭璋演变成玉佩。悬挂贵重而成组的玉佩于腰际，显然会妨害劳动的进行，也不利于激烈的军事行动，是只有不从事劳动、优渥闲适的人才用得着的装饰。把兵器改变为礼器使用，恐怕其最重要的目的就是在宣告人们和平不战的用心。《孔子家语》有："黄帝与炎帝战，克之，始垂衣裳，作黼黻。"即强调创制不便于作战跳跃的垂地长衣裳，以及表现高阶级的费工刺绣，其时机就是在战后，亦即人民亟需和平以生产养息的时候。后人命名这位创建服制制度的君王为黄帝，就是因为他以璜佩来表示不战的用心，并以之区分阶级，稳定社会的秩序。

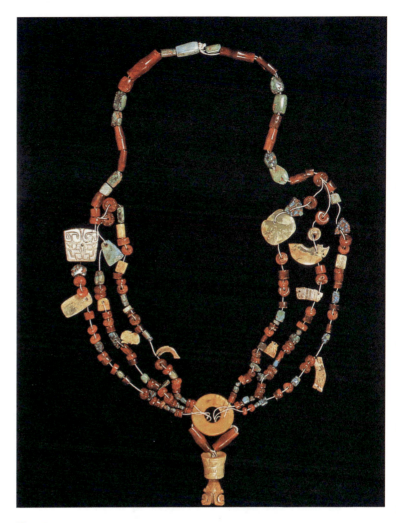

图3-11
玛瑙珠玉多串颈饰，北京房山琉璃河，西周早期燕国遗址，公元前11～公元前10世纪。周民族系的女性装饰

图3-12
玛瑙珠贝玉九串颈饰，长约28厘米，陕西西安出土，西周早期，公元前11～公元前10世纪

图3-13

三璜串饰,通长约70厘米,陕西西安墓葬出土,西周中期,公元前10～公元前9世纪。三海贝各穿三串由红色玛瑙及玉管组成的颈饰。中国社会科学院考古研究所藏

图3-14

玛瑙首饰,长1.1～7.3厘米,云南晋宁,西汉,公元前3～公元前1世纪

黄 = 黄
huáng

本义是璜，就像一组玉佩的形象。中间是主体的环璧，环璧下则是作为垂饰的冲牙以及双璜。

象征统治者端庄优渥的"璜"

图3-15所示这件玉器，主体作有弧度弯曲的带状形，在上头装饰多列平行的斜排蝌蚪纹，两端则雕成微微张口的龙头形，整体像一条首尾都是头的龙形。玉器中间的上方穿有一孔洞，有穿系绳索的功能。两端龙口的内部雕琢成小圆圈状，也具有同样的作用。这种文物称为"璜"，是一组腰佩饰的重要零件。这件制作精细，每一个蝌蚪逗点的小尾巴，都完美细心地琢磨出来，是中国玉器制造的高峰——战国时代的优美作品。

这类弧形的玉器，在东南沿海地区，是距今6000年前以后的新石器遗址常见到的。两端也大都有钻孔，用途应该都一样是作为身上的佩饰，只是西周以前的造型简单，没有繁缛的花纹。使用的习惯上也稍有不同：从墓中的位置判断，早期的璜两端向上，被悬吊着；西周

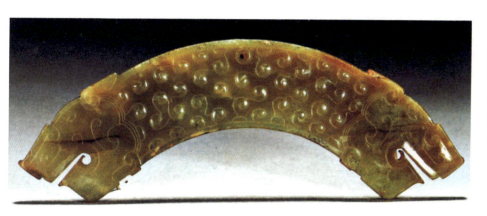

首尾都有头的弯身动物和彩虹降雨的信仰

图3-15
长11.6厘米,战国,约公元前475～公元前221年

开始增加花纹,转成两端向下,两端有两孔洞可以系挂其他如玉冲牙、流苏等零件,意味着整组的玉佩变得更加繁复多件。

学者观察到,良渚文化的玉璜很少和表现男性政治权位的玉琮、玉钺共同出现,表明它们比较可能是女性的用品。女性较男性喜爱装饰物应是合理的推测。不过,成组玉佩要求佩戴者步调缓慢而有节奏,以免玉佩相互撞击的声音紊乱。其谨慎的态度被贵族采用以表现其不从事生产,且雍容肃穆高人一等的形象,就成为男女通用的服饰了。中国命名第一个统治天下的"黄帝"为"黄",黄字的字形：,就是璜的字源。

玉璜的两端本来都是平齐的,西周以后开始偏向雕成龙头的形象,那是否有特别的意义呢?或只是形制比较美观而已?甲骨文的

图3-16
山东嘉祥武氏祠左石室屋顶前坡西段的雷神出行施威图，彩虹的形象与甲骨文的"虹"字相同

"虹"字：𓆗𓆗𓆗𓆗𓆗，作一条首尾都有头的穹身动物形状。虹是阳光受到水蒸气的折射及反射而形成的自然景象，常在雨后出现，是只能远看的虚像。古人不明白其物理，以为与降雨有关，所以商代的人想象虹为神物，有虹吸饮黄河之水的记载。雨是古代农业用水的重要来源，所以能够降下雨的岳与河神是商代最重视的两位自然神。

彩虹降雨的信仰最晚在东汉时代都还存在。山东嘉祥武氏祠左石室屋顶前坡西段，有如图3-16所示的雷神出行施威图，图上有雷神、风伯、电母、雨师等神，还有雷公执锤与钻，弯身在双龙头的穹身神物下打击某人的景象。这可能表达遭受雷击的现象。穹身的动物无疑就是彩虹的形象。《礼记·月令·季春》有"虹始见"。说明古人对于雨后彩虹出现时机的重视。

新石器时代的璜不但形状简单，而且弯曲向上，应该不是取形于彩虹。而西周以来的双头龙形璜，不但形状相似，常见位置也与彩虹一致，其取形于彩虹应无疑义。《周礼·春官》："以玉作六器，以礼

虹 hóng

作一条首尾都有头的弓身动物形状。

天地四方。"礼北方的是玄璜，注释者以为"半璧曰璜。象冬闭藏，地上无物，唯天半见"。璜的长度约是圆璧的三分之一，从目前考古的现象研究，璜不是祭祀的玉器，可能单纯只是因为七彩的虹相当美观，所以才采取它作为服饰的形象。《周礼》的礼北方之说可能只是战国人的臆测而已。

见剑如见我：
代表贵族身份的宝剑

　　刀、剑的普遍使用，晚于长兵器的戈、矛；商代的铜刀，一般刃部稍长，过20厘米，以砍劈的方式使用。就实用的观点来说，如此短的兵器应以直刺较为有效。所以商代晚期就有了改革，开始出现尖刺双刃。而以刺杀心脏为目标的匕首短剑，则至西周才逐渐增多。

　　到了春秋的中晚期，由于骑兵的应用愈来愈兴盛，有柄的戈不便携带和在马上使用，短兵器的需求就越来越迫切。刀剑还有个好处，它可以佩戴在身上以备不时之需，不像戈戟不能腾出双手来做其他的事情，在很多的时候不方便，所以刀剑后来甚至也成为士人常佩戴的东西。

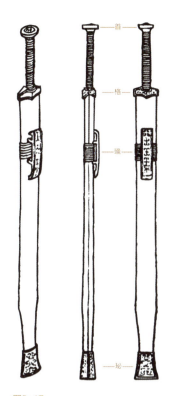

图3-17
剑饰部位及名称

铁刀比较强力,是士兵的实战用具,不必参与第一线作战的贵族,就以铜或铁剑作为他们身份的表征。铜虽然也会生绿锈,但无碍美观以及质量。而铁如果生锈就会腐蚀,且损害美观和效用,需要时时擦拭保养。这对贵族来说也是一种负担,所以比起铁刀,贵族更喜爱铜剑。既然铜剑成为代表身份的配件,当然不惜使用贵重的材料来装饰,并且演变成为一种制度。东汉《说文解字》的"璕"字解说为"佩刀上饰也。天子以玉,诸侯以金"。不过,图3-18至图3-21所示的玉剑饰出自广州南越王墓。是南越王僭制,还是解说有错误呢?这都还不能肯定。

剑的玉饰共有四件,如图3-17所示。铜剑上二件:茎首端,也称为璕,绝大多数作圆形,外向的一面有花纹,里面还刻一圆凹圈以套合剑茎;手握处之上为剑格,或称为剑镡,用以保护手,都作凹字形而一边有尖角状。鞘上有二件:鞘旁为剑璲(或称剑璏),有长方形孔洞用以穿过绳索佩戴;鞘底则为剑珌,只具装饰的作用,但是最大件以及雕琢最美丽的零件。

存世的玉剑饰大都不是正式的发掘品,所以

成套的玉剑饰是王者的象征

图3-18
双连云纹黄褐玉剑首（剑琫），径6.7厘米。广州南越王墓出土，西汉早期，约公元前200~公元前150年

图3-19
双鸟纹黄褐玉剑镡（剑格），径6.2厘米

图3-20
乳钉纹青玉剑璏，长13.1厘米。广州南越王墓出土

图3-21
乳丁纹黄褐玉剑摽（剑珌），长7.1厘米。广州南越王墓出土

完整成套的不多。南越王的这一套，玉的质料一致，呈白色，表面也都有同样的杂色沁和朱砂黏结。与其他精美的例子比较起来，除了剑镡的透雕部分，其图案设计并不突出，雕工也不是最细致的，但已是非常难能可贵的作品了。

图3-22
黄褐玉剑首，径5.1厘米，厚1.0厘米，战国晚期至西汉早期，约公元前350～公元前150年。可能是从玉璧挖心的副产品

图3-23
动物纹青玉剑镡（剑格），长6.6厘米，西汉，约公元前206～公元8年

图3-24
变质为白色玉剑鞘旁饰，长6.2厘米，东周，约公元前300～公元前200年

图3-25
灰绿玉剑鞘端饰，长11.3厘米，战国至汉，约公元前350～公元前150年

在墓中放入玉石做的马，是想骑着去哪里

　　图3-26所示这件玉雕的材料来自新疆的和田，因为质料洁白有如羊的脂肪，所以被称为羊脂玉。这种类成品几乎都见于汉代的墓葬，因此有人称之为汉白玉。这件小型的立体玉雕有宽平的底座，应该是作为摆设使用，而不是作为佩戴于腰际的饰物。雕刻的主题是仙人骑马飞翔于云间。它的意义应该与东汉的铜奔马立雕一起观察。

　　这匹马张口露牙，鼻头翘起，眼睛张开前视，双耳竖立，鬃毛经过剪短修整，属于经过驯养而非野生的品种。马的四足弯曲，两前足抬起的高度不一，显然是模仿奔跑的姿势。马所立的平底座板上，装饰着云彩，说明这匹马是在空中奔腾飞翔的，马的胸部也刻画有大片的翅膀纹，说明了它飞翔的能力。骑马的人长耳尖嘴，头发往后披散，背后长有两片外张的小羽翅，身穿下摆向两旁分开的衣服，一手挽住缰绳，一手拿着一个蘑菇。传说中吃食蘑菇可以令人长寿，从这

策马云间游——对成仙的向往

图3-26
高7厘米,长8.9厘米,陕西咸阳出土,西汉,公元前206～公元25年。咸阳博物院藏

些形象来判断,创造这件玉雕的用意已经呼之欲出:希求长寿,永生不朽。长寿与永生不朽在何处寻求呢?是在神马才能到达的仙山里。

武威的铜奔马立雕(见图3-27)的造型也是要表达飞翔于天空的能力。天空虚无缥缈,难以具体表现,而马奔腾时四足不在同一个高度,需要底座才能站立,因此设置了一个燕子的底座。燕子飞翔于天空,马踏在燕子的背上,就表示马也在天上,并且比燕子速度快才能踏上燕子的背部。

大部分人只注意到设计者以飞燕衬托马的奔跑速度,或以为是相马术的标本,忽略了汉代的社会背景。中国从春秋时期开始萌发长生不死的念头。西周的铜器铭文只见"子子孙孙永宝用",希望他们的财富、荣耀能代代传下去,并没有祈望自己能活得长久。但是到了春秋时期,转而希望自己活得长久,像"眉寿无疆""用祈寿嘏永命""万年无疆""用祈寿老毋死"等一类词句大量出现,它意味着长寿似乎已变成是可以期望的事了。

根据西周时期墓葬中的死者年龄的统计,大部分死于25岁到35岁之间,只有少数人能达到五六十岁,而春秋时期则时有所闻活到七八

图3-27
铜奔马,长45厘米,高34.5厘米,甘肃武威出土,东汉,公元26~公元220年。甘肃省博物馆藏

十岁的人。因为这时候医学研究开始有了一些成绩，制造的药物的确有减轻病痛的效果，使得人们开始探索长生的方法，战国时期更进而尝试炼制不死的药物。如果当时的药物没有实际的疗效，相信人们不会突然兴起要借重药物以达到长生的奇想。秦国在七国中是医疗知识最为发达的地区，晋国国君有病时，常敦请秦国的医生来治疗。如果当时没有普遍相信有能令人长生的药物，大概精明的秦始皇也不会接受献议，派遣徐福等大批人员入海求仙，求取长生的药方。

汉代更加上阴阳五行学说的迷信，连日常生活也深受影响，成为中国最热衷于求仙的时代。羽人的形象以汉代最为多见。熏香用的博山炉便标榜着仙山极乐世界，这是众所周知的。还有一件一人骑马的墓砖，上有铭文"文山出马，背子一日八千里"。说明这些随葬的马匹都是要载着主人前往不死的仙山，去过无忧无虑的快乐生活。

汉皇帝及高级贵族用玉殓衣，包含头、上衣、裤筒、手套、鞋等，认为这样可以保持尸体不朽。《后汉书·礼仪志》记载皇帝使用金缕，诸侯王列侯、贵人、公主使用银缕，大贵人、长公主使用铜缕。这并不完全对。首件完整玉衣发现于1968年河北满城中山靖王刘胜和妻窦绾的墓葬。共使用2498片玉片，金丝1100克。

象征转化
新生的玉蝉

图3-28所示这块透明莹润的玉雕件，很容易看出是一只蝉的形象，左边是背部，右边是腹部，细节都很详细。蝉的头部前端作山形交叉，有如丘字形状，口呈锯齿状，眼睛圆鼓而外凸，翅翼呈外直而内弯曲，至端部成尖峰。腹部的尾端收缩成尖峰，并用十二道横的阴线把能够伸缩自如的腹部非常写实地刻画出来。这个时代的玉蝉，有时只有轮廓边缘和背脊高度的简化形象。而有时会格式化，以二道直划、二道斜划和四道短横划来表现蝉的两片翅翼与尾部。

两汉时代出土的玉蝉数量非常多，长度大都在5～6厘米，发现于死者口中，作为七窍塞或九窍塞之一。为了防止死者的精气外泄，人们使用玉块把人体的孔道塞住。除了玉蝉，没有其他的塞子雕成具体的动、植物形象，如此做是只因为宽扁的舌头形状与之相似，还是别有意义呢？为什么南北朝以后玉蝉逐渐消失？这都还有待解答。

蝉蜕龙变 弃俗登仙

图3-28
长5.7厘米，宽2.9厘米，西汉晚期，公元前1～公元1世纪，江苏扬州博物馆藏

蝉的种类繁多，有1500种以上。成蝉的体长在2～5厘米，大蝉每年仲夏出现。因没有明显的进食动作，因此人们以为蝉只以露水为食。蝉的幼虫入土变成蛹，经过数年的时间，五次脱壳才可以变为成虫从土中钻出。蝉常栖息于柳、杨、苹果、梨、桃、杏等阔叶的树上，平常不鸣不叫，在求偶或危险时才会有声响。人们早已注意到蝉

的出现。除了聒噪的雄蝉鸣声，点缀了酷暑的季节，以及名为蝉衣的壳能入药，用于治感冒发热、咳嗽、音哑等症状外，似乎和人类的生活没有利害关系。一般说来，某样东西会被取为某种意义的象征，必然有其合于逻辑的原因。那么，到底是什么呢？

在西汉晚期之前，玉蝉出土量不多，东汉以后又很快消失，可见汉代的色彩特为浓厚。早在5000年前的红山文化就已出现玉蝉，一件长7.5厘米，宽3.5厘米，高2.5厘米，另一件长9厘米，宽4厘米，高3.5厘米。有穿孔贯通首尾，两边还有一对穿孔与之相通，是一种佩戴物。其后的石家河、良渚、上海崧泽等文化遗址也都有发现，大都钻有孔洞，可用于佩戴。但是安阳大司空村的一座商墓，就发现墓葬中人的口中有一件玉蝉，和汉代的用法一致。蝉纹是商代及西周常见的装饰图纹，因此它可能和早期的信仰有关，但是到了汉代才成为特别强化的习俗。汉代文物表达的最明显信息，就是继承前代的神仙世界以及更强烈的长生不老希望，可能那就是玉蝉使用的原因。

生物都有生老病死、消沉与荣枯的过程，各民族也都有谋求解脱这种困厄的行为和希望。死虽然是不可避免的，但千年莲子可以再次发芽，人的灵魂也应该可以再生。汉代有神马驮载灵魂前往神山的信仰，也有借蝉的脱壳，表达让老弱的躯体转化新生的希望。中国古代的文学作品里，到了汉代才将蝉的脱壳现象作为脱胎换骨、破旧立新、进入更高人生境界的比喻。《史记·屈原贾生列传》有以"蝉蜕于浊秽，以浮游尘埃之外"之文辞赞美贾谊。《文选》中夏侯湛的

《东方朔画赞序》更有"谈者以先生嘘吸冲和,吐故纳新。蝉蜕龙变,弃俗登仙"的话语。为来生谋求幸福的观念老早就有,所以有丰盛的随葬品。汉代人特别信仰神仙,可能是在生前以玉蝉作为佩戴或赏玩物,死后以之作为填塞嘴巴的口琀,希望躯壳虽然灭亡,灵魂却可脱离,进入另一个令人期待的快乐生命。东汉以后,魏文帝不许再行盛葬,以九玉塞九窍的习俗就消失了,大概就改以饭团代替玉蝉了吧。

佩戴玉佩，就可以长生不老？

图3-29所示这件有灰黑色晕斑的青玉器，呈现十二面的棱柱形状，下部中心有穿孔，但没有穿透顶部。在其中一面的下部有一孔洞与中心的穿孔相通。每一面都阴刻三个篆文，有时多一重文的记号（＝），全文为："行气夭，夭则畜。畜则神，神则下。下则定，定则固。固则明，明则长。长则退，退则天。天其本在上，地其本在下。从则生，逆则死。"这是一篇关于行气健身的纲要。

这件玉器的用途很难猜。从尺寸和设计上看，可能是用来佩戴的。虽然中心的孔不贯通，但与下侧面的小孔相通，显然是为穿绳佩戴而设计。文字虽是倒悬的，但可能其功能并不在乎文字的正反。玉器的使用大致经过几个阶段：在还未有阶级前，是因其美丽而被作为

行气健身的秘诀

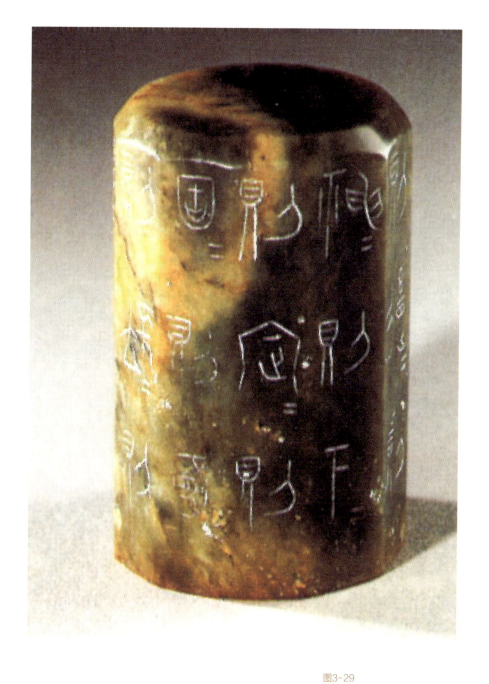

图3-29

行气铭玉刚卯,高5.4厘米,径3.4厘米,战国,公元前475～公元前221年。天津博物馆藏

装饰身体的饰物；一旦阶级形成了，就因为材料罕见而作为高级贵族的地位表征；当材料增多而扩及一般贵族时，就赋以君子的种种德性；一旦全民使用，就转变为避邪，或恢复其原先的美观功能。这件玉器看起来并不是作为装饰或地位的表征，因此最有可能是为了避邪一类的功能而制作的。

汉代王莽禁止佩戴刚卯，因为汉朝皇帝姓刘，刚卯暗含刘氏刚强的意义。根据颜师古引服虔注，刚卯用玉、金或桃木在正月卯日制作，长三寸，广一寸，四方，上刻有避疫疠的铭文，穿以丝革佩戴。这件玉器的形制、功能与之相似，可能发展自同一个习俗。

玉器上的铭文可以算是中国有关气功的最早记载，讲述练气要顺其自然、循序而进才能延年长寿的纲要。生老病死是人类自古以来就得忍受的痛苦。人们不会作无根据的幻想，也不会长期相信没有成效的东西。古人兴起长寿的念头就一定有其原因。

一个社会的医学水平反映于其平均寿命。西周时期活到五六十岁的人，只占人口的百分之七而已。但是到了春秋时期，活到七八十岁已很平常，如孔子、孟子、荀子等人。在这之前，治病医疾是巫者的任务，药物只是在巫术之外，用于辅助。这个时代则巫与医已分职，有"信巫而不信医则不治"的议论，开始探索长生之道。

自然界有些奇异现象，如海市蜃楼的幻境，会让人有仙人生活于海上而不可及的信念。有些药物的药效让人昏昏欲睡，或精神奋亢、恍恍惚惚。后者常让人产生幻觉而有成仙欲飞的感觉，因此战国时期就更进而尝试炼制不死的药方，或到高山与海中求仙的举动。

令人不死的药物与仙人毕竟不可实现，又促使人们另辟蹊径。战国末期正好阴阳五行说开始盛行，就尝试兼用呼吸、却谷、导引等方法以达到期盼的效果。这件玉器应该具有避邪与长生的用意。

图3-30

图3-29中刚卯的铭文

不敢暴虎

不敢冯河

肆 占卜与预知——不敢暴虎，不敢冯河

用骨的历史

神秘的骨占卜，只出过一次错？

对「龟」的崇敬和龟甲占卜的兴起

「戏」字的由来与打虎表演

用骨的历史

人类最早利用来制作工具的材料应该是石头与木头。而动物的骨与角，有坚实硬韧等适合打造工具的性质，又是食物的副产品，随时存在，所以应该也是人们甚早利用的材料之一。骨与角破裂的边缘颇为尖锐，是能用于挖掘、刺杀的天然工具及武器。当远古的人们利用石块敲碎骨头以吃食其中的骨髓之时，就发现了这种特点并加以利用。中国在大约10万年前的遗址中就发现了磨制的骨制品，表明人们对于骨与角质料的认识又比以前进了一步，知道刮磨骨角可以成为更称手的工具。

骨质轻硬而耐磨，但限于本身的形状，大半制成细长或是宽平等石材难以打造的东西，如锥针、箭镞、鱼镖、人身装饰品一类的小物件等。在渔猎的时代，因为猎获的动物多样，所以取用的材料也遍及各种动物，比较广泛。但是到了农业发展的时代，狩猎已不是维生的主要方式，所以会因方便而就近向家畜取材，大型的家畜中又以牛最为适合。西周一座骨作坊出土4000多千克骨料，鉴定约取自1300头牛以及21匹马。

牛骨在商代最重要的用途大半是占卜问疑，这可以从"骨"字的

字形 ☐ ☐ ☐ 看出，它表现的是一块已经修整完毕，可以作为占卜的肩胛骨形状。此字在商代也作为"祸"字使用，因为占卜是为了预先知道灾殃祸福而问的。骨卜的习惯在中国已有5000多年的历史。古人认为鬼神有特别的能力，可以帮助人们解决困难，所以渴望得到鬼神的指示，确定合宜的行动方针，避免做错事情，导致灾难的发生，所以要问卜以解决疑惑。

他们认为骨头有预知未来的神力，烧灼之使剥裂形成纹路，从纹路的形状就可以显示答案。早先所用的是较大型的动物，像牛、羊、猪等，但到了3000多年前的商代王室，就专用牛肩胛骨与龟甲问卜，并在其上契刻贞问的词句，即所谓的甲骨文，是中国最早的文字记载。

商以前的骨制品多朴素无纹。到了商代，雕骨手工业因为普遍使用锋利的青铜刻刀，雕花容易而较为兴盛。

商代的骨制品以日常小型用具如笄、梳、锥、针、匕、衔、哨、钻、镞等及装饰品为主。但让人印象最深刻的是少数大墓中以精细有力的线条，刻画各种繁杂图案的骨器。这类东西除了少部分是筒、皿的器形外，绝大部分做成或弯或直的宽长条形。有时整体满布花纹，其繁缛及细致的程度远胜于玉器及木器上的花纹，有时还涂漆或颜料，甚至嵌镶绿松石，可以说是非实用性的艺术作品。而且此种骨雕的形状及尺寸，多不像是家畜类的，其中可能有不少是田猎捕获的纪念品，可惜从断片很难确定它们是何种野兽的骨头。

当时生产最多的应该是如图4-1所示的骨笄（jī），细长的柄部插入头发以固定发髻，稍大的端部则是显示在外作为装饰用。当时的成年男女都要结发，需要以笄束括住，使头发不会松散。男的只需一支，但盛装的妇女就需要多支。在一座商墓葬里，就发现某位妇人头部周围遗留下数十支发笄。有时一个墓葬的骨笄陪葬数目竟达500支，可想见当时大量的需求。简陋的骨笄没有半点雕镂，但高贵的骨笄，端部就有繁缛的雕刻。常见雕成繁简不等的鸟形状，最大型繁缛的就像是图4-1最左边的那个，有高耸羽毛的鸟或人头形，环列在羽冠两旁

图4-1
骨笄，长12.5～14厘米，河南安阳妇好墓出土。商晚期，公元前13～公元前11世纪

图4-2

骨笛,长6～10厘米,河姆渡出土,6000多年前。禽类的骨管所制成,管内还插一根可以移动的肢骨,用以调节音调

的12个钻孔可能还系挂色丝、响铃一类的装饰。其价格不但昂贵,恐怕也不是一般人所能够随意佩戴的。在阶级分别严明的社会,衣饰是最常见的地位表征,所以一般的小墓葬见不到雕刻繁缛的发笄。

在有阶级的社会,普遍习惯以罕见的财物炫耀权位,捕获大型的野兽或敌人的宝物都不是一般人能够做得到的,也唯有位高权重者才有足够的财力,延请工匠制作这种观赏用的东西。到了东周时期,不知是因为畜产减少,还是因为木器涂漆、玉器雕琢和金属镶嵌等技术获得很大的改进,可以使用这些材料制作更为精美的器物,因此这一时期骨饰品的制作,就大为减少了。

商代骨器的制作,主要为大众化的廉价产品,并不美观。繁缛的骨雕又几乎都是断片,也得不到一般收藏家的爱赏。所以甚少被博物馆及私人收藏。

骨 gǔ ＝ 骨

它表现的是一块已经修整完毕，可以作为占卜的肩胛骨形状。

神秘的骨占卜，只出过一次错？

今天人类已经能往返月球，探测千万里以外的星球，对很多怪异的现象都能给予科学的解释，知识较之古人不知要渊博多少，但是很多人的心态还是和古人相去不远。譬如说，我们现在也还有很多人希望借助超自然的力量去回避灾难或获得幸福。因此有人观察茶叶浮沉的情况，或沙上动物的爪迹以为吉凶的预示。中国古人也因为同样的目的而向甲骨的神灵请教。

古代的中国人相信骨头有神灵，能够预知未来，也愿意回答人们的询问。中国大致在公元前3400年开始出现骨卜，但是要等到七八百年之后的商代才大量使用。古代会使用骨卜的地区范围广大，包括现今的山东、江苏、辽宁、吉林、河南、陕西、山西、四川、内蒙古、甘肃等省区。但从发现的频率来看，比较常见于东方的文化传统。

用兆纹来推测命运

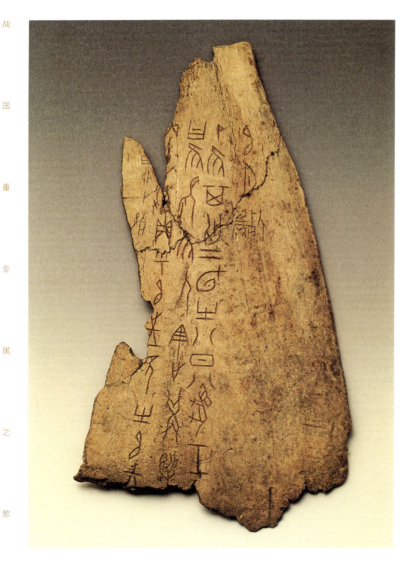

图4-3
牛肩胛骨上的甲骨文,最长25.8厘米,商,公元前14~公元前11世纪。加拿大皇家安大略博物馆藏

骨卜习惯在商代达到最高峰,目前已发掘出至少十多万片刻字的甲骨,包含各种哺乳类动物,如牛、羊、鹿,甚至人的骨头。但商王室几乎只使用牛肩胛骨与龟甲问卜。

贞人以骨头烧灼后所显现的兆纹走向,来判断提出问题的答案。骨头在使用于占卜前要经过特别处理,那是一般人不知道的秘密。依据今人的实验，若处理不得法，则几乎是烧不出兆纹来的。关键在于去除骨头中传热的骨胶原而不显露出痕迹来，令烧灼的热能集中在一处，不会快速向四周传导，从而造成收缩拉力的不平衡而裂开。普通人没有用特别处理过的骨头，所以烧不出兆纹。巫师能做一般人做不到的事情，所以被认为有法力。

根据古代的文献以及遗存的习俗，现在知道当时占卜之前要先与骨头做口头的约定，确定兆纹走向所代表的意义，然后才开始烧灼显兆的步骤。答案的是与否或对与错，就根据事先约定的含义来推测。譬如说，如果约定兆的横纹向上走表示肯定的、对的，向下走表示否定的、错的；那么兆纹一显现，对错的答案也就立刻出来了。根据实验，兆纹的走向是能控制的，意即可以操纵占卜的答案。

由于兆纹只能以是与否回答，问题就只能以可以回答是与否的形式提出。例如：今天下午会下雨吗？应否使用烧猪去祭祀某神？复杂的事件就要经过相当多次的占卜，才能得到完全的答案。一场活动往往要卜问二十次以上，有时同一个问题又会反复地占问。每一次占问又得经过烦琐的步骤。不用说，这是相当费钱和费时的措施，不是一般人能经常做的。

现在我们明白骨头没有神力可以预知未来。但是不知道为何，商代的卜辞很少见到错误的预示。图4-3中这版肩胛骨上的刻辞是迄今所知唯一占断错误的乩辞例子，其刻辞译成现代文字则为："丙午卜，某贞：呼堆往见有堆？王占曰：'唯老唯人，途遘若。'兹卜唯其害，二旬又八日至壬寅，堆夕死。"大意讲商王看了兆纹的走向而判断堆在旅途中会顺利完成任务，哪晓得结果竟是不顺利而客死途中。

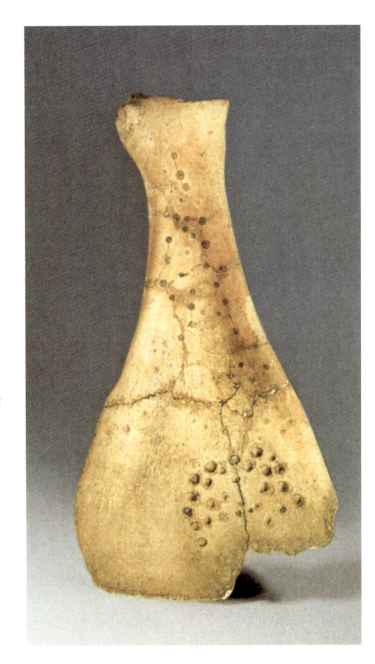

图4-4
全骨的形状，高26.5厘米，郑州出土

对"龟"的崇敬
和龟甲占卜的兴起

中国古人一定觉得乌龟很神奇。因为它能储藏大量的氧气、水分及食物。有些人认为乌龟有坚甲的保护，可以不食不动地生存20年。中国人很崇敬龟。战国时代以龟与龙、凤、虎合称为四灵，代表四方及四季。乌龟所代表的是北方与冬季。由于龟的习性与道家的养生、清静、无为、纯真、长寿的理论和目标相合，所以玄武（蛇缠绕龟）就被选为道家的真神而赋以持剑披发的人形。

中国人从很早就意识到龟的种种异能，并且崇拜它，相信它有某种魔力。距今7500年前的墓葬中就能发现龟壳，有些装有不同颜色的小石粒，摇动就嘎嘎作响，大概以之作为施行仪式的法器。

中国骨卜的习惯始自5000多年前。人们相信骨的精灵有预知未来的能力。到了商代才用龟甲问卜，从文献及使用的情形看，可能还认

伟大神灵的指引

图4-5

长16.2厘米,商,公元前14～公元前13世纪。加拿大皇家安大略博物馆藏

为龟卜比起骨卜更为灵验。其原因可能是基于龟甲有海绵体组织，较不容易人为控制兆纹走向的事实。兆纹的走向是答案是与非的主要依据，人难于控制的事物才显得出神灵力量的伟大。

商代的王室对龟卜很有信心，所以从几千里外的南海进口大龟甲。这件龟板的背面有刻辞，记载哪个方国进贡这片龟甲以及由何官员进行占卜之前龟甲整治的工作。

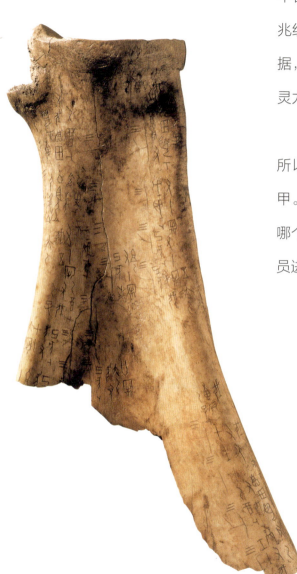

图4-6
商代第四期卜骨，长27.5厘米，安阳小屯南地出土，公元前12~公元前11世纪

"戏"字的由来与打虎表演

图4-7所示是一件很特别又富有纪念性的文物，它是商代最后一位国王——纣王的猎虎记录和展示物。骨的正面利用骨桥上的弯曲刻着一只蓄意攻击的生动老虎，接着依序而上是两层饕餮纹，一层简省的龙纹，最后是三角形的蝉纹。反面有刻辞："辛酉，王田于鸡麓，获大烈虎，在十月，唯王三祀劦日。"以现今的文字翻译，意思就是："王在第三年举行劦组（一种祭祀活动）的祭祀期间，在十月辛酉日这天，于鸡麓田猎，捕获大烈虎。"依书体风格、字形以及历日，可以推知此王为纣王。

这件虎骨两面的纹饰和铭文都嵌镶着贵重的绿松石。在虎骨上雕刻美丽花纹作为展示的商代艺术品本就不多见，而有刻辞于其上的，这件是迄今所知的唯一，又是商王所捕获的。经古生物学家的鉴定，也确定它是古代一般成年老虎的前膊骨。

戏剧的开端与虎搏斗

不敢暴虎,不敢冯河

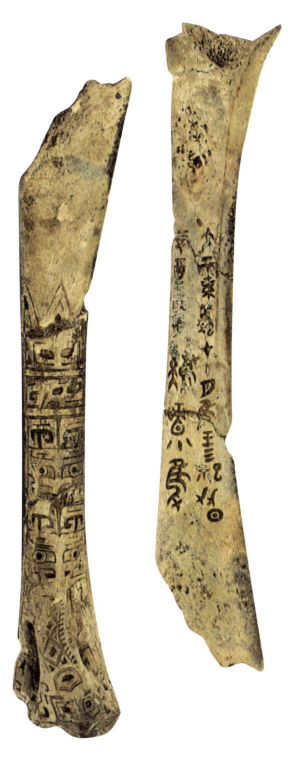

图4-7

虎骨刻辞,长12.2厘米,商晚期,公元前12~公元前11世纪。加拿大皇家安大略博物馆藏

虎是猫科最大的动物。不计尾巴，身长可达2米，重200千克以上。虎是一种凶猛的野兽，有强壮的身躯、锐利的爪牙、敏捷的动作，是亚洲野兽之王。甲骨文的"虎"字：𧆞，就作一只躯体修长，张口咆哮，两耳竖起的动物形象。老虎对于人和家畜都能造成生命的威胁，是中国境内最具危险性的野兽。在古时候，一个人如果不靠设陷阱或下毒，想要用武器猎捕老虎是很不容易且具有相当危险性的。甲骨文的"虣"字：𢼛，是用一支戈对着一只老虎的形状，意思是不设陷阱而以戈搏杀老虎，是一种鲁莽粗暴的行为。此字后来被暴字所取代，即《诗经·小雅·小旻》的"不敢暴虎，不敢冯河"。暴虎是以武力去对付老虎，冯河是不带漂浮物而强行渡河，都是不经思考、不理智的举动。

但是对于拥有大量徒众的商王来说，捕获老虎并不是那么难的事。甲骨的第五期，即帝乙和帝纣的时代，就记载过好几次捕获一或二只老虎的成果。但唯有这一件有铭文，想来其他几次都是众人合力所得，只有这次纣王亲自参与，或者甚至是捕杀老虎的主力，所以特别强调其事，用以展示他的武力。《史记·殷本纪》说帝纣"材力过人，手格猛兽"，或许是基于事实的记载。

如果有人想夸示其胆力及勇气，在上古恐怕没有比跟老虎搏斗更具刺激性的场面了。所以表演搏斗老虎的故事剧，甚至是与真的老虎搏斗，就成了古代一种很有号召力的娱乐节目。汉代就有"东海黄公"的记载，叙述一人年轻的时候以表演徒手搏斗老虎为职业，到了年老的时候竟不知身体已衰弱，还带了刀子上山要去捕捉老虎，结果

图4-8
汉画像石上的戏虎图

反而被虎吃掉了。对这种故事的兴趣，令人们也因此将之编成有科白、化妆、舞蹈的戏剧。金文的"戏"字：🦴，就是由老虎、戈以及凳子组成，想是表达一人持戈表演刺杀高踞的老虎之意。甲骨文的"虝"字：🦴，则是更为惊险的双手扭斗老虎的样子。这些都可以证明此种表演从很早之前就有了。

图4-9

骨柶断片。最长13.1厘米,商,公元前13~公元前11世纪。加拿大皇家安大略博物馆藏

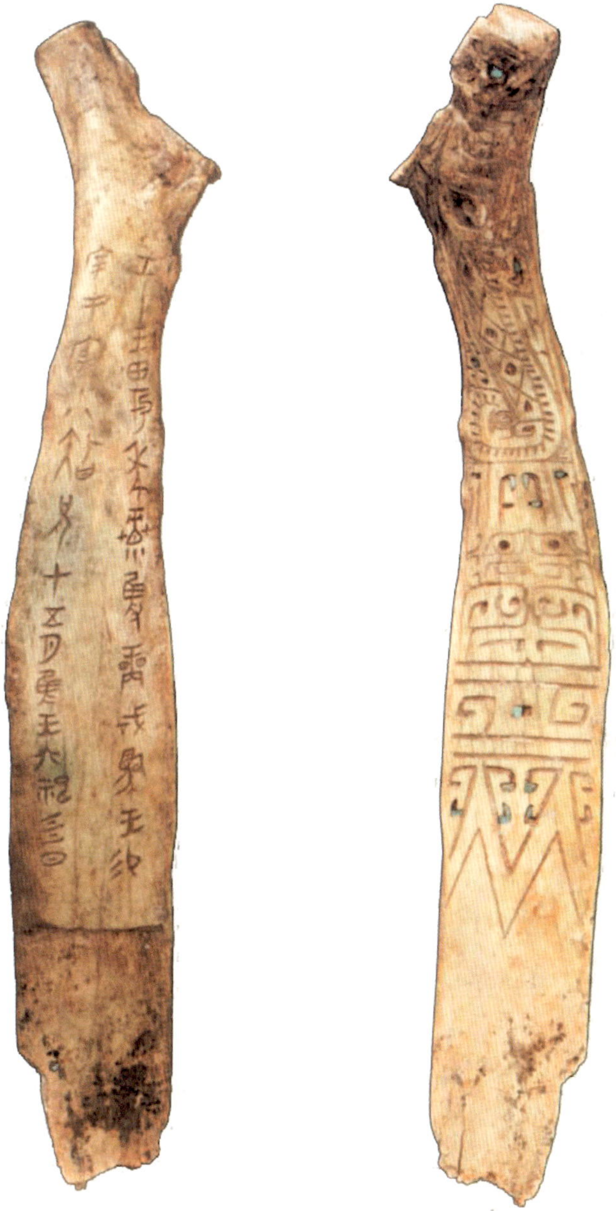

不敢暴虎,不敢冯河

图4-10

镶嵌绿松石骨雕,长27.3厘米,宽3.8厘米,商晚期,帝辛六年,公元前12~公元前11世纪。为捕获犀牛的记录

虎 hǔ = 虎

作一只躯体修长，张口咆哮，两耳竖起的动物形象。

虣 bào = 虣

是用一柄戈对着一只老虎的形状，意思是不设陷阱而以戈搏杀老虎，是一种鲁莽粗暴的行为。

戏 xì = 戲

由老虎、戈以及凳子组成，想是表达一人持戈表演刺杀高踞的老虎之意。

虢 = 虤
guó

双手扭斗老虎的样子。

同场加映

伍 同场加映

骑马上天：对星空的浪漫想象

只有豪宅才用得起的陶瓦

古代玻璃的使用

自古就贵重无比的黄金

骑马上天：
对星空的浪漫想象

砖瓦是烧陶的进一步利用。早在6000多年前的仰韶时代，人们就知道烧烤能使地面变坚硬，既方便行走又防潮，让居住更舒适。将烧陶工艺利用在建筑上的做法，早期有龙山时代的陶制下水管，之后有西周初期覆盖屋脊的瓦，但出现的机会还是比较少。春秋以后，大概因为烧陶费用的降低，渐渐有能力普遍用之于建筑。

或许是受到烧烤地面的启发，在西周初期的遗迹中有发现陶制的砖板，其底面的四个角落各有半个乒乓球大的乳突一个，作用是像扒

墓葬中蕴含的神仙思想

图5-1

高34.7厘米，西汉，公元前1世纪。加拿大皇家安大略博物馆藏

钉一样让它能嵌紧在泥土层上，防范雨水侵蚀泥土做成的墙根。秦咸阳宫殿还出土了带有子母榫的铺地砖，进一步解决了地面潮湿和不平整的问题。不过当时被认为最高贵、最费工的大型建筑物的地面，绝大多数仍是使用夯打的方式造路。以陶砖铺地的方式在秦代以后才逐渐普及，比如图5-1这件实心且有图案的瓦砖，就被粘贴在汉代的砖墓室表面，除了一般的功能外还兼具装饰的效果。

图5-1中这件西汉时期制作的装饰意味浓厚并带有高度象征意义的

墓砖，其烧造目的除了取悦满足躺在坟墓中的魄，同时也是为了保护引导精灵的魂前往西天转世，并且向世人展示死者的功德与地位。上面的图案是利用四块模子压印出来的，表现了汉代人眼中的宇宙观。边框是代表南方神灵的朱雀，具有吉祥的意义。中央的主题图纹中，最下层的三格是兽首，或是头戴面具的威武神灵，负有保护坟墓不受到妖邪侵扰的任务，代表地下的境界。中间的三格则代表人间的境界，显示二人进行象征士人最高学养的射箭竞赛，基台很高的二层楼建筑，既是贵族们夸耀的家居，也是崇拜鬼神的礼敬场所。屋顶上的两位神仙，则代表长久以来人们希望长生不死的愿望，也是死者在人间所作功德的见证。最上列的三格代表天上的境界，表现出神山上的一匹天马将要运送死者不朽的灵魂上天。旁边带有铭文："文山出马，背子一日八千里"，可视为和汉代骑马的羽人玉雕及奔马的青铜立雕一样，希望飞马快速背负死者的灵魂前往投胎，或前往仙人所居住的极乐仙山里遨游。

在战国与汉代的墓葬里，除了高山与骏马的图案寓有神仙的思想外，日月星象与流动的云气也具有同样的意义。日月星辰的运行与季节和方向都有绝对的关系，人们既以之作为季节来临的依据，生活作息也配合着自然变换。日月星辰的运行，风云雨雷的发作，似有规律，但又变化多端，很难预测它的变化。当它们发威的时候，无人能抗拒；但有时又幽静而温馨。多变的气候和玄妙的天空，使人们对它充满疑惑、敬畏、羡慕、感激等矛盾的复杂感情。因此世界各民族都对神秘的天空幻想了各式各样的神话,想象天上有一个神仙居住的美好地方,可以幸免于人间各种困厄与不幸,所以在人生终结时,将这种对天上的向往,表现在随葬的装饰上。

只有豪宅
才用得起的陶瓦

　　早期的人类借用天然的洞穴或大树栖身，后来慢慢发展出修建的住屋。最开始建造的是超过一个人高度的深穴居，用木柱架设屋顶以遮风避雨，有盖可以开合以方便进出；更完善的设计还有斜坡，出入不必攀缘阶梯。再进步一点就是把建筑完全移到地面上，做成有墙壁的构筑。到了商代甚至出现二层的楼房。人们一旦物资充裕，就会开始想装饰自己的住家，好让家人住起来更舒服。而且当阶级区分出现，也要修饰屋子的内外，以表现其高人一等的社会地位。

　　屋脊是屋顶的交接处，在防漏的效果上一定比其他的部位差，所以必须想办法用不透水的东西覆盖住，陶瓦就在这时出现了。陶器本来不是为了装饰目的而烧造的，直到西周初期，可能是因为烧陶的技术提高而使成本降低，因此才能开始制作一些兼具装饰用途的陶器。

在岐山的宫殿遗址里就发现了陶瓦。根据瓦的形状及屋顶的残泥去推测，可能是因为当时支柱的承受力有限，因此只有屋脊才使用瓦片覆盖，屋顶还是以茅草束为主，并抹上泥土加强，稍具避风防漏的效果而已。小篆的"瓦"字：𠃟，就是作两片瓦互相扣合的样子。以先秦时期的瓦片形状推论，应该就是以屋脊的覆瓦去想象出来的。到了春秋时期更出现了板瓦与筒瓦，连屋顶也开始使用瓦片覆盖。《春秋·鲁隐公八年》（公元前715年）记载："宋公、齐侯、卫侯盟于瓦屋。"特别说明会盟的地点是在瓦屋，而不提是周地的温。可见当时那是可以作为地标、人尽皆知的地点。被当作奢华装饰的瓦片，绝不是一般人所能用得起的。

板瓦具有防漏的实用效果，但筒瓦却是为了美观而设计的。就像图5-3所示的这件，呈半圆形的长筒覆盖在屋顶的边缘，有云纹的圆盘

图5-2
夔凤纹陶瓦当，宽40厘米，秦始皇陵采集，公元前221～公元前207

社会地位的象征 华丽的居家装饰

图5-3
口径15.5厘米,秦始皇陵出土,公元前221~公元前207年

朝外,与地面垂直,使地面上的人们可以见到其图案。此种圆盘有时做成半圆形,上头装饰着几何形、花草、神怪、动物和文字等图案。文字除吉祥语言外,大都是宫殿的名字。汉之后更进一步,屋脊的两端也装饰起鱼或龙尾形的陶塑,称之为鸱尾;后来演变为张口、鱼尾兽首的鸱吻形式,借着造型的寓意,期待有预防火灾的作用。

以陶瓦覆盖屋顶虽有防漏的效果，但陶的质量重，若覆盖太多，木支柱会承受不起。战国时发明斗拱，以木块前后左右挑出的臂形横木交互叠合，把它们承托在横梁与主柱之间，屋顶的力量因此而能平均分配到承托的横架上，借以承受更大的重力。因为这种新设计的诞生，而渐渐能有更复杂的重檐四合屋顶结构，足以架设更多华丽的装饰以增加房子的壮观，因此除正脊之外，高大建筑的其他垂脊也开始使用遮盖，演变成为各种蹲兽的装饰。宋代有发现具有八个列兽绘画

图5-4
天降单于纹陶瓦当，径17.1厘米，包头市出土，西汉，公元前206～公元24年。中间的钉孔是为了将之钉牢于屋顶的木格上

图5-5

菱形几何纹铺地陶砖,长43.5厘米,宽31.5厘米,山东临淄出土,战国,公元前403~公元前221年,中国国家博物馆藏

图5-6

太阳云纹砖,长44厘米,咸阳一号宫殿出土,秦,公元前221~公元前207年。印花铺地砖,菱形四方连续,中太阳,四周云纹,纹饰工整细腻。咸阳博物院藏

图5-7

方砖,长33.5厘米,厚5.3厘米,咸阳市出土,西汉,公元前206~公元24年,对角安排云雷与回纹,朴素大方。咸阳博物院藏

的屋顶，清代则规定最多可以装饰九兽，从上而下依次为龙、凤、狮、海马、天马、狎鱼、狻猊、獬豸、斗牛，再加最前端的骑鸡仙人，构成一组十分华丽的屋角装饰，也成为中国大型公众建筑物形象的特色。

瓦 wǎ = 瓦

两片瓦互相扣合的样子。

古代玻璃的使用

在现代，玻璃是很便宜的东西，但在2000多年前的中国，因为大部分玻璃是远从中亚进口的，因此它可能比金玉更要贵重。玻璃于距今4500年前就已出现于两河流域及欧洲，其多彩而鲜艳、光泽而晶莹的特点是古代其他材料所比不上的。但在中国，它并没有得到很好的发展。有可能是因为其他材料的工艺过于发达，阻碍了玻璃工艺发展的机会；也有可能是因为它不易制作、产量少、造价高昂而又容易破碎。除了制作饰物以及礼仪用具，很少实用上的价值，才发展不起来。

玻璃的主要原料是硅，熔化后成为白色透明体。加上各种金属的氧化物或其他物质，就可以产生多种带有深色、光艳的色调。以图5-8中的这些珠子为例，先挖出一个浅洼坑，然后填上一层色彩，再以同样方式一一加上不同的颜色，最后磨拭修饰。为了呈现多彩，有时还会把珠子制成怪异的多角状，可以想见过程颇为费工。春秋时期的珠

通体琉璃 多彩照人

图5-8

最大直径3厘米,东周,约公元前5～公元前3世纪。加拿大皇家安大略博物馆藏

子，形状与化学成分都与欧洲的一样，应是进口的。但是战国时代含有钡的半透明玻璃，却是中国所独有，应是中国自行研发的。

炼铜的废渣含有硅，理论上可能产生副产品的玻璃。西周遗址有出土类似玻璃的成品，管内有时留有陶土和草秸纹。推测是以铜丝包裹土料作芯，然后以芯卷取熔化的玻璃加工成为管、珠的形状，所以才在内壁留下了未清除干净的黄土以及草秸纹痕迹。最初可能是在炼铜排除废渣时，偶尔拉出玻璃丝，或遗落于地上而凝结成玻璃小块，才引起人们注意这种呈浅蓝色而有光泽的新物质，因此才以矿渣混合黏土低温融炼出玻璃来。但是以这种方法炼出来的玻璃，相当容易腐蚀与褪色。也许西周时期的玻璃是因为成色不美、成品不精、易于褪色而被人们放弃的。春秋时才有少量从外域引进的高质量玻璃。战国时中国制造出独有的含铅、钡的半透明玻璃，它有玉的温润感觉，颇合中国人的要求，因此大量制造，很少再从西域进口。

战国时期是中国自制玻璃的兴盛期。成品多样化，除前期的淡绿、淡蓝色小管珠外，又有青色的璧、带钩、蝉，多种颜色相叠的蜻蜓眼珠、蓝绿色镶片、剑珌、剑首、剑璲等。大都是小件或镶嵌零件，作为与金玉等价值的贵重装饰品和权位的表征。到了汉代，玻璃的应用略广，出土各种带有蓝、黄、白、褐的串珠、鼻塞、耳塞，甚至是容器。

战国时期玻璃制造最盛，文献却未见提及。也许是因为当时另有名称，也许铅、钡系的玻璃温润光滑而与玉的外表非常相似，所以中国人以之当作玉或仿玉,把它归于玉类,没有给予固定的专名,所以才没有反映于文献中。

玻璃因为类似玉而被看重。东汉以后,因战乱影响社会不再重视礼仪,玉雕工艺衰微,连带仿玉的玻璃工艺也因此衰败。但是西方的钠玻璃是清亮而透明的,有鲜艳的色彩。《魏略》说大秦(罗马帝国)的玻璃有青、黄、黑、白、赤、红、缥、绀、紫、绿十色。显然比中国的色彩多。而且钠玻璃的流动性大,耐冷与热,不容易破裂,能够制作容器或大件物品,不限于小件装饰品,如《西京杂记》所说,昭阳殿的窗扉多是绿琉璃,皆达照毛发,不得藏焉,所以特别贵重。大概那时候的成品以从西域进口的为多,所以也以音译的名称称呼这种材料。

图5-9

玻璃（料器）珠，径6.3厘米，战国，公元前5~公元前3世纪。罕见如此大

图5-10

玻璃璧，径11.3厘米，厚0.2厘米，湖南长沙出土，战国，公元前403~公元前221年。呈米黄色，装饰谷纹，为仿玉制品，采模型铸法，制作规整而颜色鲜艳，属于高铅钡系统，长沙可能是战国时期高铅钡玻璃的产地。湖南省博物馆藏

图5-11

料珠，长1.2~2.3厘米、直径1.4~2.3厘米，随州曾侯乙墓出土，战国早期，约公元前5世纪

自古就贵重无比的黄金

金是种质软、色黄而富光彩的金属。其外观和赋性迥异于其他物质，很容易引起人们的注意。尤其是有部分黄金以相当纯的状态存在于自然之中，暴露于地表或冲刷至溪旁，很容易收集，不像其他的矿石要通过高热熔炼才能取得。黄金的质量不受温潮的影响，不易氧化腐蚀，所以很早就被很多社群所重视，以之打造装饰物或作为交换的通货。环地中海的一些古代文明，至少于距今5500年前就以金打造饰物，而且可能于2800年前也以之作为货币。中国可能因境内没有丰富的储藏，才使中国异于其他的古文明，选择了玉作为表现财富与身份的象征。

图5-12中这枝截面为钝三角形的金簪，似乎看不出有何特别之处。但它是黄金做成的，时代属于商，意义就大不同了。

商代应有足够的知识了解黄金的优异性质而广加利用。但是西周

戴金佩紫 贵族所好

图5-12

金簪,长27.7厘米,宽2.9厘米,重108.7克,北京平谷出土,商中期,公元前15~公元前13世纪。北京市文物研究所藏

之前的出土量很少。金的延展性能非常好，1克黄金可打1平方米的金箔，薄至0.0001毫米。这一点商代的工匠已很了解，曾有发掘到的少量商代文物是包金箔的。图5-12中的这件如果只包裹金箔，实际上用不到半克的金子，但它整体为金子，重达100克，在金子相当罕见的时代，其珍贵可知，应属非常有地位的人才能拥有的。

"金"字在商、周时代的含义是金属，尤其是青铜或其主要的原料红铜。青铜器铸成时的呈色近于黄，后来受氧化作用才渐成青色。因此西周初期黄金指的还是青铜。《周易·噬嗑》的"噬干肉，得黄金"，意思是吃腌制的干肉时，发现野兽体内的青铜箭头没有取出而意外得到小财富，为可喜的现象。后来创造了"铜"字，"金"字才逐渐转称黄金。《尚书·禹贡》梁州所贡的镠，注释家以为即是黄金，然而还未经证实。"金"字到了汉代才普遍用以指称黄金。

显然华北地区少有金的储藏，中国人才少见使用。邻近中原的产金区是在楚国的领地，所以要等到春秋末期，楚国积极参与中原的政治时，金的供应才足够流通而被选为大宗交易的通货，也出现大量的错金、鎏金的器物。《史记》记载战国时国君赏赐臣下，常是黄金千金。根据批注，一金指黄金一斤，重约250克，反映战国黄金流通量之大，与西周以前的现象非常悬殊。图5-12这一件出土于北京平谷，不在华夏民族的居住范围内，可能附近产金量较多，才能以纯金打造大件器物。

商代的发簪不但用来固定发髻，其头部的图纹或雕饰也有装饰的作用，甚至是地位的表征。一般簪笄的尾端是逐渐缩小，但这枝簪的尾部却有长约4毫米的椎状小针。其作用为何令人费解。如为针灸刺穴的目的，似乎长度太短，不能深入皮肤。与此形状和出土位置相近的文物可在良渚文化遗址中找到，如图5-13，有部分在尾端具有小短椎的细长玉柄器，其中常见又在短椎上横向钻的小孔。如果小孔是为穿线悬挂装饰而设，则此金簪的椎尖太短，恐怕绑不住丝线，那么是用来刺入某物体使用吗？现在还不清楚。

图5-13

玉锥形器，长18.4厘米，余杭反山出土，良渚文化。公元前3300～公元前2200年。浙江省文物考古研究所藏

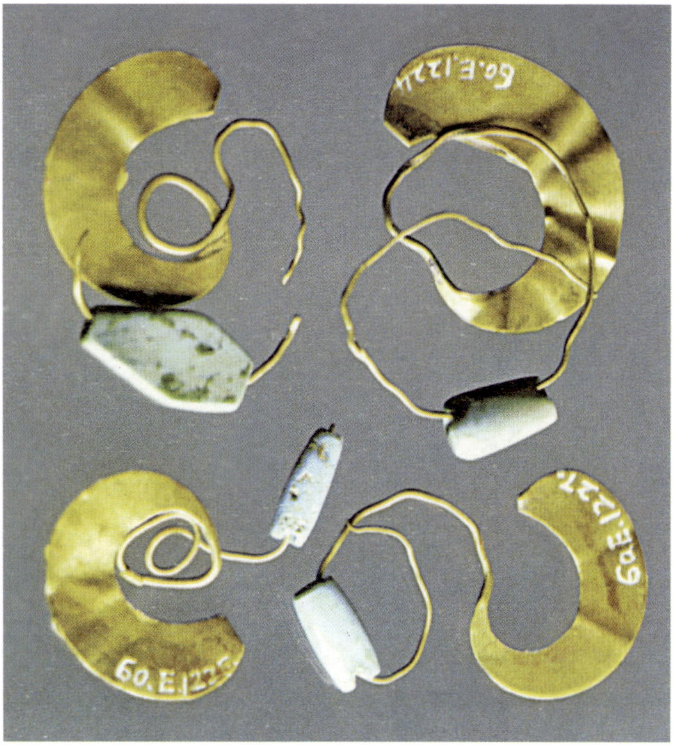

图5-14

金珥形饰，宽3.9～2.7厘米，山西石楼出土，商，公元前14～公元前11世纪，呈珥形，珥首粗圆，至珥尾渐细，尾端作细丝状，细丝处系有长形松绿石

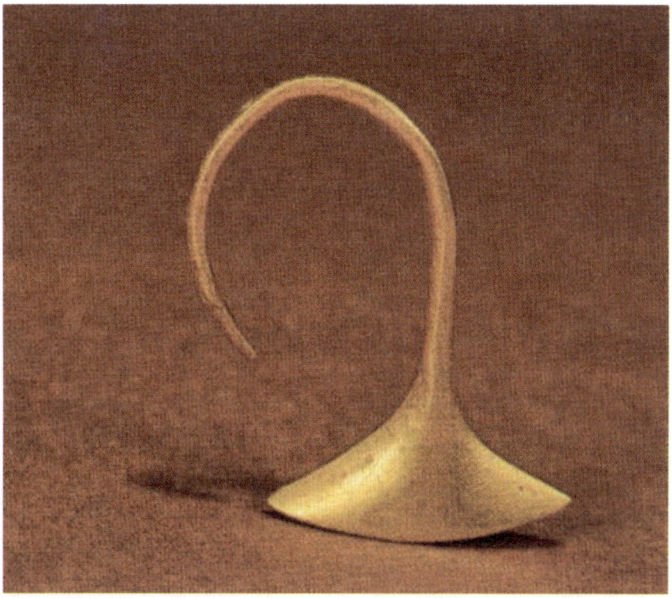

图5-15

金耳环，通高3.4厘米，重6.8克，北京平谷出土，商中期，公元前15～公元前13世纪，北京市文物研究所藏

图5-16

金盏、金匕，高10.7厘米，径15.1厘米，匕长13厘米，盏重2156克，匕重6.45克，战国初期，公元前5～公元前4世纪。湖北随县出土。是迄今出土先秦时期最重的一件金质器皿，代表了先秦贵金属工艺的成就。湖北省博物馆藏

图5-17

文帝行玺金印，高1.8厘米，长3.1厘米，西汉南越王，葬于公元前122年。这是迄今为止所发现最早的一枚龙纽金印。广州市西汉南越王博物馆藏

图5-18

匈奴金冠饰，径16.5厘米，全重1038.9克，战国，公元前475～公元前221年。这套金冠是迄今为止发现的唯一完整的胡冠，为强悍的匈奴王所戴，是权力与地位的象征。内蒙古博物院藏

图录

p.004
青铜刀，长 12.5 厘米，甘肃东乡县出土。马家窑文化，约公元前 3000 年

先人的智慧：块范法

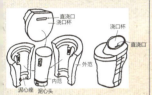

p.009
块范铸造示意

p.011
长 16.7～17.9 厘米，山西侯马东周铸铜遗址出土，公元前 5～公元前 4 世纪

p.012
镂空夔纹青铜尊盘，有一尊一盘，尊置于盘内。通高 41.6 厘米，尊高 33.1 厘米，口宽 25 厘米，盘高 24 厘米，直径 57.6 厘米。两器皆失蜡法铸成，湖北随州市曾侯乙墓出土。构形非常繁缛，尊体有四只兽柱对接口沿与圈足。盘口沿有四方耳，底下四龙形支脚。战国早期，公元前 4 世纪。湖北省博物馆藏

设计独具巧思的熔铜坩埚

p.014
高 32 厘米，口径 22.8 厘米，安阳出土。商晚期，公元前 14～公元前 11 世纪。中国国家博物馆藏

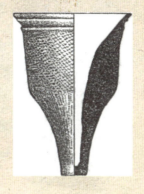

p.016
熔铜坩埚剖面图

权威的象征：鼎

p.020
青铜鼎，高 33.9 厘米，商，公元前 13～公元前 11 世纪

p.021
妇好铭饕餮纹青铜扁足方鼎，高 42.4 厘米，商晚期，公元前 14～公元前 11 世纪

专门用来煮饭的鬲

p.023
高 16.7 厘米，口径 13.3 厘米，河南郑州出土。商中期，约公元前 14～公元前 13 世纪

p.025
卫夫人（变形兽面纹）铜鬲。通高 10.6 厘米，口径 16.3 厘米，西周晚期，公元前 9～公元前 8 世纪。南京博物院藏

p.026
弦纹青铜鬲，高 50.7 厘米，有多次修补痕迹，商中期，约公元前 16～公元前 14 世纪

永镇器身的刖足守门人

p.029
刖足鬲，高 13.5 厘米，口长 11.2 厘米，宽 9.2 厘米，西周晚期，公元前 9～公元前 8 世纪

p.036
利簋的铭文

p.039
青铜簋，高 11.7 厘米，口径 16.9 厘米，商晚期，约公元前 14～公元前 11 世纪

p.039
方座青铜簋，高 59 厘米，口径 43 厘米，西周，约公元前 11～公元前 8 世纪。陕西省扶风县博物馆藏

p.026
青铜鬲，高 18.2 厘米，商晚期，约公元前 14～公元前 11 世纪

p.031
伯邦父青铜簋，通高 12 厘米，口 18.5 厘米，周晚期，公元前 9～公元前 8 世纪

p.038
青铜簋，高 14.3 厘米，口径 20.7 厘米，商晚期，约公元前 14～公元前 11 世纪

p.039
青铜簋，通高 20.3 厘米，周早期，公元前 11～公元前 10 世纪

战争胜利的证明：利簋

p.035
饕餮纹双耳垂珥方座青铜利簋，通座高 28 厘米，口径 22 厘米，陕西临潼出土，西周初期，约公元前 11 世纪。中国国家博物馆藏

p.038
青铜簋，高 14.3 厘米，口径 15.5 厘米，商晚期，约公元前 14～公元前 11 世纪

p.039
青铜簋，通高 22.8 厘米，口 20.3 厘米，周早期，公元前 11～公元前 10 世纪

毋放饭、毋反鱼肉、毋投与狗骨：盖豆

p.041
青铜盖豆，高 23.5 厘米，东周，约公元前 400～公元前 300 年。加拿大皇家安大略博物馆藏

p.041
青铜豆，高 10.2 厘米，口径 19.8 厘米，商晚期，公元前 14～公元前 11 世纪

p.043
彩绘漆有把盖豆，高 24.3 厘米，湖北随州曾侯乙墓出土，战国早期，公元前 5～公元前 4 世纪。湖北省博物馆藏

p.044
髹漆蟠螭纹青铜盖豆，高 41.5 厘米，口径 35.3 厘米，腹围 118 厘米，约公元前 550 年。附耳，有盖，座上无镂孔。河南博物院藏

p.044
镶嵌黄金勾连纹青铜短足盖豆，高 24 厘米，口径 16.2 厘米，战国，公元前 476～公元前 221 年。此豆分为上下两部分。上部为器盖，下部为豆，将豆盖拿下后反置，则又自成一器。湖南省博物馆藏

p.044
错金青铜盖豆，高 19 厘米，口径 17 厘米，战国，公元前 476～公元前 221 年。山西省文物局藏

p.044
青铜豆，高 50.2 厘米。腹径 18 厘米，底径 14 厘米，战国早期，约公元前 5 世纪

是酒器？或是盛水器？鹿头盖青铜觥

p.047
鹿头盖青铜觥，高 20.3 厘米，长 26.5 厘米，商晚期，约公元前 13～公元前 11 世纪。加拿大皇家安大略博物馆藏

p.048
铜匜高 13.4 厘米，口长 19.4 厘米。宽 18.10 厘米，盘高 12.8 厘米，口径 41.6 厘米，战国早期，约公元前 5 世纪

p.049
异形动物形青铜觥，通高 36 厘米，长 46.5 厘米，重 8.5 千克，可能是牛首羊角的复合动物，而且身上饰有鸟翼、四脚，因有活盖、流与把手，故不名尊。有"司母辛"三字铭，商晚期，公元前 14～公元前 11 世纪。中国社会科学院考古研究所藏

p.050
龙形青铜觥，商，长 43 厘米，宽 13.4 厘米，山西石楼出土

p.051
青铜觥，高 23.5 厘米，商晚期，公元前 14～公元前 11 世纪

p.051
青铜觥，高 14 厘米，长 19 厘米，商晚期，公元前 14～公元前 11 世纪

p.051
旟觥，通高 28.7 厘米，长 36.5 厘米，重 7.55 千克，周康王，约公元前 10 世纪。这是一件盛酒器。器、盖各有铭文四十字，大意是：十九年五月中周王在斥，戊子这一天，王命令旟去向相侯传达命令，赏赐给他土地、青铜和奴隶。陕西周原博物馆藏

特立独行的书写方向：栾书缶

p.053
通高 40.5 厘米，口径 16.5 厘米，春秋中期，公元前 7～公元前 6 世纪。中国国家博物馆藏

p.055
青铜缶（右），高 41.5 厘米。缶的时代都是东周，少纹饰。此与图中壶、勺可能同墓，因在地下条件，呈蓝色，非常艳丽，与一般青铜器初铸或受沁后的颜色很不同。推测为楚国文物，约公元前 550～公元前 400 年

p.055
青铜缶，高 38.5 厘米，口 15.5 厘米，春秋晚期，公元前 6～公元前 5 世纪

p.055
青铜罍，高 43.5 厘米，口径 18.6 厘米，商晚期，公元前 14～公元前 11 世纪。罍形制较大

雀鸟之形的爵

p.059
青铜爵，高 20.7 厘米，河南偃师二里头出土。商早期，公元前 1700～公元前 1500 年

p.059
素面平底无柱青铜爵,高13.5厘米,流细而长14.5厘米,重0.75千克,二里头出土,商早期,公元前1700～公元前1500年

p.065
饕餮纹平底青铜爵,高17.6厘米,商早期,公元前1600～公元前1400年

p.069
莲鹤方壶,高118厘米,口径24.9厘米×30.5厘米,春秋中期,约公元前6世纪

p.070
酒彝器,壶。青铜镶嵌红铜与绿松石。高34.8厘米。东周,公元前5世纪

铜爵的演变:爵的型制

p.063
最高25.7厘米,商,公元前16～公元前11世纪。加拿大皇家安大略博物馆藏

p.065
有柄青铜爵,高7厘米,通长17.2厘米,周中晚期,公元前10～公元前8世纪

精心滤酒,以献神灵

反映商代建筑风格:彝

p.070
装酒彝器,壶。高39厘米,商,公元前13～公元前11世纪。有六道纹带铜壶的发掘品不多,大部分是五道或少些。所以它是晚商相当有代表性的铜壶

p.073
高25.2厘米,商,公元前12～公元前11世纪。加拿大皇家安大略博物馆藏

p.065
青铜角,高21厘米,口长11.5厘米,夏晚期,公元前18～公元前16世纪

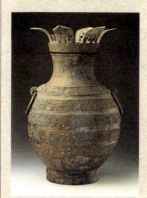

p.067
高47.4厘米,东周,公元前5世纪。加拿大皇家安大略博物馆藏

p.073
青铜偶方彝，高 60 厘米，口长 88.2 厘米 ×17.5 厘米，安阳妇好墓出土。商晚期，公元前 14 ～公元前 11 世纪

p.076
青铜方彝，通高 16.4 厘米，口 7.6 厘米 ×9.8 厘米，周恭王，公元前 10 ～公元前 9 世纪

p.076
日己青铜方彝，通高 38.5 厘米，口 17 厘米 ×20 厘米，周中期，公元前 10 ～公元前 9 世纪

日常生活的写照：采桑、戈射、饮宴、攻战

p.079
青铜圆壶，通高 39.9 厘米，口径 13.4 厘米，底径 14.2 厘米，四川成都出土，约公元前 500 ～公元前 350 年。四川博物院藏

p.079
图 1-55 中铜壶器盖部分的纹饰

p.080
图 1-55 中铜壶器颈部分的纹饰

p.081
镶嵌红铜水陆攻战弋猎采桑宴乐纹青铜圆壶，高 36.6 厘米，约公元前 500 ～公元前 350 年

p.082
错金银青铜圆壶，通高 24 厘米，口径 12.8 厘米，腹径 22.2 厘米，足径 13.8 厘米。主人陈璋，齐伐燕之纪念。约公元前 4 世纪。南京博物院藏

p.082
鸟盖瓠瓜形青铜圆壶，高 37.5 厘米，战国，公元前 476 ～公元前 221 年。形如瓠子，盖为鸟形，而得其名。是与祀天有关的礼器。陕西历史博物馆藏

沐浴净身

p.085
虢季子白盘，通高 39.5 厘米，口 137.2 厘米 ×86.5 厘米，宝鸡出土，周宣王，公元前 827 ～公元前 782 年

p.086
高 17.4 厘米，口径 33.1 厘米，商晚期，公元前 14 ～公元前 11 世纪

p.087
虢季子白盘的铭文

p.088
青铜盘，口径31.3厘米，高11.2厘米，商中期，约公元前15～公元前14世纪

p.088
墙铭青铜盘，口径47厘米，西周初期，约公元前11世纪

p.088
三轮青铜盘，高15.8厘米，口26厘米，春秋晚期，公元前6～公元前5世纪

讲究的饮食生活

p.091
高6.5厘米，口径8.4厘米，春秋，公元前8～公元前5世纪。山西侯马出土。山西省博物院藏

p.091
错金银青铜匜鼎，高11.4厘米，口径10.5厘米，战国，公元前5～公元前3世纪

p.093
曾侯乙青铜匜鼎，高40.2厘米，口50.2厘米×44.4厘米，战国早期，约公元前5世纪

驯化的陆地巨兽：青铜象尊

p.095
青铜象尊，高22.8厘米，长26.5厘米，重2.57千克，湖南醴陵出土，商晚期，公元前13～公元前11世纪。湖南省博物馆藏

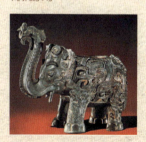

p.096
鸟纹象尊，高24厘米，长38厘米，西周中晚期，公元前11～公元前8世纪。陕西宝鸡青铜器博物院藏

不见其踪的犀牛

p.099
高34.4厘米，长57.8厘米，陕西兴平出土，西汉，公元前206～公元25年。中国国家博物馆藏

p.101
青铜犀尊，高24.5厘米，商晚期，公元前14～公元前11世纪。鼻上、额前各一角，背有口，失盖，素面无纹，内底铭27字，记商王帝辛征人方。旧金山亚洲艺术博物馆藏

p.101
青铜鸟尊，高 25.3 厘米，春秋，公元前 8～公元前 5 世纪。山西省考古研究所藏

专为杀人而造的戈

p.104
上：长 21.8 厘米，宽 6.8 厘米，商晚期，公元前 13～公元前 11 世纪
中：长 22.8 厘米，宽 9.4 厘米，西周，公元前 11～公元前 9 世纪
下：长 30.4 厘米，宽 12.2 厘米，战国，公元前 5～公元前 3 世纪

p.107
燕王职青铜戈，长 27 厘米，高 13 厘米，援 18 厘米，内 9 厘米，战国晚期，约公元前 3 世纪

p.107
青铜钩内戟，长 34 厘米，宽 28 厘米，战国中期，约公元前 4 世纪

p.107
三角援青铜戈，长 20.5 厘米，商晚期，公元前 14～公元前 11 世纪

p.107
吴王夫差错金铭青铜矛，长 29.5 厘米，春秋，公元前 8～公元前 4 世纪。脊背有血槽，锋部呈弧线三角形。湖北省博物馆藏

工艺史的里程碑："铁"的使用

p.111
铁刃铜钺，残长 8.7 厘米，北京平谷出土，商，公元前 16～公元前 11 世纪

p.111
镶嵌绿松石兽面纹青铜钺，长 25 厘米，宽 17 厘米，商晚期，公元前 14～公元前 11 世纪

越王爱女的陪嫁品

p.115
青铜剑，全长 55.6 厘米，宽 4.6 厘米，柄长 8.4 厘米，湖北江陵出土，春秋晚期，公元前 6～公元前 5 世纪。湖北省博物馆藏

p.117
青铜刀，通长 31 厘米，宽头 11.8 厘米，底 8.5 厘米，商晚期，公元前 14 ~ 公元前 11 世纪

p.118
青铜扁茎剑，长 91.5 厘米，茎长 19 厘米，临潼兵马俑坑出土，秦，公元前 221 ~ 公元前 209 年。指挥官使用，太长，不实用。如此长度，一般要铁制的才能使用于战斗。秦始皇帝陵博物院藏

p.118
越王者于青铜剑，长 52.4 厘米，战国早期

p.119
青铜剑（匕首）鞘，高 23 厘米，西汉，约公元前 200 ~ 公元前 50 年。从纹饰断为滇国制品

p.119
镂空蛇纹鞘青铜短剑，长 23.5 厘米，鞘 18.4 厘米，周早期

田猎必备：青铜弓形器

p.117
虎头青铜短剑，高 22 厘米，宽 2.5 厘米，春秋晚期，公元前 6 ~ 公元前 5 世纪

p.119
玉首青铜匕首，通长 22.3 厘米，匕宽 1.8 厘米，战国早期，约公元前 5 世纪

p.121
三翼青铜镞，通长 5 ~ 9.4 厘米，约公元前 550 年，共有四式，前锋尖锐，截面呈三角形，都有后锋，后有连体的棍状长铤。河南博物院藏

p.119
曲刃青铜剑，长 35.5 厘米，内蒙古出土，夏家店上层，公元前 1000 ~ 公元前 500 年

p.118
吴王夫差青铜剑，长 37 厘米，身长 28.5 厘米，湖北襄阳出土，春秋晚期，公元前 6 ~ 公元前 5 世纪

p.121
青铜弓形器,最长37.5厘米,商晚期至西周早期,公元前13～公元前11世纪。加拿大皇家安大略博物馆藏

拉动马车前进的重要装置

p.125
脚长55.7厘米,宽5.7厘米,辀首像蘑菇状高8厘米,上径7厘米,下径4厘米,河南安阳大司空村出土。商晚期,公元前14～公元前11世纪

p.131
镶嵌金丝花纹的细部

p.134
镶嵌金与银的青铜马车饰件,最大直径10.5厘米,东周,公元前4～公元前3世纪

p.123
三翼青铜镞,通长5～9.4厘米,约公元前550年。河南博物院藏

p.132
铜车轴饰,长15.5厘米、15.6厘米,径4.8厘米,大司空村出土,商晚期,公元前14～公元前11世纪

p.134
错金银青铜軏饰,长13.7厘米,高8.8厘米,战国中晚期,公元前4～公元前3世纪,河南辉县出土,中国国家博物馆藏

p.127
河南安阳郭家庄商代车马坑及其上的铜饰件

p.123
青铜镞,长5.8～9.1厘米,约公元前550年,有三角形刃镞与三角形星芒的狭刃镞,中间的脊长短不一。台北历史博物馆藏

铜锈中隐藏的亮眼异色

p.131
长15.8厘米,口径5.4厘米,商晚期,公元前14～公元前11世纪。加拿大安大略省博物馆藏

p.132
兽头青铜轴端,长13.2厘米,辖长10.5厘米,春秋早期,公元前8～公元前7世纪

p.135
错银青铜承弓器,长21.5厘米,宽6.1厘米,战国中期,约公元前4世纪

p.135
铜四匹马车模型，通长317厘米，高106厘米，临潼秦陵出土，秦，公元前221～公元前206年。按秦代皇帝马车制此车当是秦始皇銮驾之一的安车模型，人、马、车的形制是实物的二分之一大小。陕西历史博物馆藏

梳妆的重要工具：铜镜

p.139
多圈放射纹青铜圆镜，圆径11.8厘米，厚0.2厘米，河南安阳妇好墓出土，商，约公元前14～公元前11世纪

美的具体形象：繁复的镜纹

p.143
青铜方镜，高9.1厘米，东周时期，约公元前5世纪，相传得自河南洛阳附近。加拿大皇家安大略博物馆藏

p.144
布纹底几何龙纹青铜圆镜，径15.3厘米，东周，约公元前400～公元前250年

p.144
缠枝纹青铜圆镜，径23.2厘米，秦至汉，约公元前250～公元前150年

悠扬厚重的钟声

p.147
通高89厘米，铣间距58.5厘米，鼓间距40厘米，湖南宁乡出土，商晚期，公元前14～公元前11世纪。湖南省博物馆藏

钟鸣双音，平和悠扬

p.151
高152.3厘米，湖北随县出土，战国初期，公元前5～公元前4世纪。湖北省博物馆藏

p.152
曾侯乙墓出土编钟及木架。高273厘米，长1079厘米

p.153
编钟。最高26厘米。东周，公元前6世纪。这是一套14个尺寸递减的编钟里头的两件，传说它们出自今日河南洛阳的东周京城附近的金村。其他的12件都归日本的住友氏收藏。人们习惯称这套编钟为"骉（biāo）钟"，因为它们是由一位姓骉的小贵族定做的

不同朝代，相同形制

p.156
青铜钟。最高22.4厘米。（左）宋，大约公元1105年。（右）东周，公元前5～公元前4世纪

p.158
井叔青铜甬钟，通高 37.5 厘米，铣间 20 厘米，鼓间 15.3 厘米，周中期，公元前 10 ~ 公元前 9 世纪

专注执灯的灯俑

p.161
高 26.7 厘米，东周，公元前 5 世纪，加拿大皇家安大略博物馆藏

p.167
龟上立鹤形青铜灯座，高 43.3 厘米，西汉，公元前 206 ~ 公元 25 年。由五个零件组成，可调整光照角度及消烟设计

经过精心设计的树形灯

p.170
高 79.7 厘米，东汉，公元 1 或 2 世纪。加拿大皇家安大略博物馆藏

p.159
秦公青铜甬钟，高 48 厘米，铣间 27 厘米，春秋早期，公元前 8 ~ 公元前 7 世纪

通体鎏金的长信宫灯

p.165
高 48 厘米，重 15.85 千克，河北满城出土。西汉，公元前 206 ~ 公元 25 年。河北博物院藏

p.167
牛形错银青铜灯，高 46.2 厘米，东汉，公元 25 ~ 公元 220 年

象征财富的骆驼

p.174
通高 19.2 厘米,盘径 8.9 厘米,湖北江陵出土,战国中晚期,公元前 4～公元前 3 世纪。湖北博物馆藏

p.175
驮货跪伏骆驼陶俑,高 24.7 厘米,北齐,公元 550-577 年。山西省考古研究所藏

金炉香炭变成灰;博山炉

p.178
高 26 厘米,重 3.4 千克,河北满城中山王墓出土。西汉,公元前 206～公元 25 年。河北博物院藏

p.180
四连体方熏炉。高 14.4 厘米,广东广州出土。西汉中期,公元前 2～公元前 1 世纪。西汉南越王博物馆藏

p.181
青铜香熏,高 12.7 厘米,口 8.5 厘米,战国中期,约公元前 4 世纪

p.181
青铜香熏,高 10.4 厘米,口 8.9 厘米,战国中期,约公元前 4 世纪

p.181
透雕青铜香熏,高 16.2 厘米,口 5 厘米,底 8.1 厘米,战国早期,约公元前 5 世纪

建筑上的创举

p.184
长 42 厘米,宽 16 厘米,陕西凤翔出土。春秋,公元前 8～公元前 5 世纪

p.186
铜构件套合示意图

p.186
青铜构件，高 23.5 厘米，长 31.5 厘米，战国中期，约公元前 4 世纪

p.192
三人乐奏青铜带钩，长 4.5 厘米，宽 1.9 厘米，内蒙古准格尔旗出土，西汉，公元前 3～公元前 1 世纪

p.200
戈形玉璋，长 38.2 厘米，四川广汉三星堆出土，商，约公元前 1300～公元前 1000 年

p.189
鎏金镶嵌绿松石带钩，长 20.5 厘米，战国，公元前 403～公元前 221 年

p.193
错金银虎纹青铜带钩，长 10 厘米，战国，公元前 403～公元前 221 年

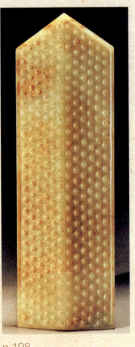

p.198
谷纹黄绿玉圭，长 22.4 厘米，宽 7.1 厘米，战国，公元前 4～公元前 3 世纪

p.200
各类玉制礼仪用器（戚、璧、刀），杂质绿、棕黄玉。最大长度 33.1 厘米。新石器时代，公元前 3000～公元前 1000 年

p.191
鎏金镶嵌玉、玻璃银带钩，长 18.4 厘米，宽 4.9 厘米，河南辉县出土，战国魏国，公元前 4～公元前 3 世纪

掌握时间的象征
量影玉戈

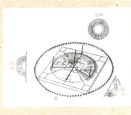

p.198
汉代日晷使用示意图

p.200
玉戈，长 43 厘米，偃师二里头出土，约公元前 21～公元前 17 世纪

p.192
错金银犀形青铜带钩，长 17.5 厘米，高 6.5 厘米，四川昭化出土，战国时期巴国，公元前 4～公元前 3 世纪

p.197
长 94 厘米，宽 13.5 厘米，盘龙城出土。商中期，约公元前 15 世纪。湖北省博物馆藏

表情凶狠的人头玉佩，是杀敌的勋章

p.203
高 4.3 厘米，商晚期，约公元前 1400～公元前 1100 年。加拿大皇家安大略博物馆藏

南方的吉祥动物：具备贵族品格的凤

p.208
高 13.6 厘米，厚 0.7 厘米，河南安阳妇好五号墓出土。商晚期，公元前 1300～公元前 1200 年

p.203
戴羽冠人头形泛白玉佩。高 16.2 厘米，宽 7 厘米，厚 0.4 厘米，江西新干出土，商晚期，公元前 1400～公元前 1100 年

美丽玉石的象征意义

p.213
长约 30 厘米，河南省平顶山市应国墓出土，西周晚期，公元前 9～公元前 8 世纪。河南博物院藏

p.215
玛瑙珠玉多串颈饰，北京房山琉璃河，西周早期燕国遗址，公元前 11～公元前 10 世纪。周民族系的女性装饰

p.215
玛瑙珠贝玉九串颈饰，长约 28 厘米，陕西西安出土，西周早期，公元前 11～公元前 10 世纪

p.216
三璜串饰，通长约 70 厘米，陕西西安墓葬出土，西周中期，公元前 10～公元前 9 世纪。三海贝各穿三串由红色玛瑙及玉管组成的颈饰。中国社会科学院考古研究所藏

p.216
玛瑙首饰，长 1.1～7.3 厘米，云南晋宁，西汉，公元前 3～公元前 1 世纪

首尾都有头的穿身动物和彩虹降雨的信仰

p.219
长 11.6 厘米，战国，约公元前 475～公元前 221 年

p.220
山东嘉祥武氏祠左石室屋顶前坡西段的雷神出行施威图，彩虹的形象与甲骨文的"虹"字相同

p.224
双鸟纹黄褐玉剑镡（剑格），径6.2厘米

p.225
黄褐玉剑首，径5.1厘米，厚1.0厘米，战国晚期至西汉早期，约公元前350～公元前150年。可能是从玉璧挖心的副产品

p.225
变质为白色玉剑鞘旁饰，长6.2厘米，东周，约公元前300～公元前200年

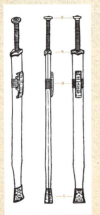

p.223
剑饰部位及名称

成套的玉剑饰，是王者的象征

p.224
乳钉纹青玉剑璏，长13.1厘米。广州南越王墓出土

p.224
乳丁纹黄褐玉剑摽（剑珌），长7.1厘米。广州南越王墓出土

p.225
动物纹青玉剑镡（剑格），长6.6厘米，西汉，约公元前206～公元8年

p.224
双连云纹黄褐玉剑首（剑琫），径6.7厘米。广州南越王墓出土，西汉早期，约公元前200～150年

p.225
灰绿玉剑鞘端饰，长11.3厘米，战国至汉，约公元前350～公元前150年

策马云间游：对成仙的向往

p.227
高 7 厘米，长 8.9 厘米，陕西咸阳出土，西汉，公元前 206～公元 25 年。咸阳博物院藏

p.228
铜奔马，长 45 厘米，高 34.5 厘米，甘肃武威出土，东汉，公元 26～公元 220 年。甘肃省博物馆藏

蝉蜕龙变，弃俗登仙

p.231
长 5.7 厘米，宽 2.9 厘米，西汉晚期，公元前 1～公元 1 世纪，江苏扬州博物馆藏

行气健身的秘诀

p.235
行气铭玉刚卯，高 5.4 厘米，径 3.4 厘米，战国，公元前 475～公元前 221 年。天津博物馆藏

p.237
图 3-29 中刚卯的铭文

p.242
骨笄，长 12.5～14 厘米，河南安阳妇好墓出土。商晚期，公元前 13～公元前 11 世纪

p.243
骨笛，长 6～10 厘米，河姆渡出土，6000 多年前。禽类的骨管所制成，管内还插一根可以移动的肢骨，用以调节音调

用兆纹来推测命运

p.246
牛肩胛骨上的甲骨文，最长 25.8 厘米，商，公元前 14～公元前 11 世纪。加拿大皇家安大略博物馆藏

p.248
全骨的形状，高 26.5 厘米，郑州出土

伟大神灵的指引

p.250
长 16.2 厘米，商，公元前 14 ~ 公元前 13 世纪。加拿大皇家安大略博物馆藏

p.251
商代第四期卜骨，长 27.5 厘米，安阳小屯南地出土，公元前 12 ~ 公元前 11 世纪

戏剧的开端：与虎搏斗

p.253
虎骨刻辞，长 12.2 厘米，商晚期，公元前 12 ~ 公元前 11 世纪。加拿大皇家安大略博物馆藏

p.255
汉画像石上的戏虎图

p.256
骨柶断片，最长 13.1 厘米，商，公元前 13 ~ 公元前 11 世纪。加拿大皇家安大略博物馆藏

p.257
镶嵌绿松石骨雕，长 27.3 厘米，宽 3.8 厘米，商晚期，帝辛六年，公元前 12 ~ 公元前 11 世纪。为捕获犀牛的记录

墓葬中蕴含的神仙思想

p.263
高 34.7 厘米，西汉，公元前 1 世纪。加拿大皇家安大略博物馆藏

p.267
夔凤纹陶瓦当，宽 40 厘米，秦始皇陵采集，公元前 221 ~ 公元前 207

社会地位的象征，华丽的居家装饰

p.268
口径 15.5 厘米，秦始皇陵出土，公元前 221 ~ 公元前 207 年

p.269
天降单于纹陶瓦当，径 17.1 厘米，包头市出土，西汉，公元前 206 ~ 公元 24 年。中间的钉孔是为了将之钉牢于屋顶的木格上

p.270
菱形几何纹铺地陶砖，长 43.5 厘米，宽 31.5 厘米，山东临淄出土，战国，公元前 403 ~ 公元前 221 年，中国国家博物馆藏

p.270
太阳云纹砖，长 44 厘米，咸阳一号宫殿出土，秦，公元前 221 ~ 公元前 207 年。印花铺地砖，菱形四方连续，中太阳，四周云纹，纹饰工整细腻。咸阳博物院藏

p.270
方砖，长33.5厘米，厚5.3厘米，咸阳市出土，西汉，公元前206～公元24年，对角安排云雷与回纹，朴素大方。咸阳博物院藏

通体琉璃，多彩照人

p.273
最大直径3厘米，东周，约公元前5～公元前3世纪。加拿大皇家安大略博物馆藏

p.276
玻璃（料器）珠，径6.3厘米，战国，公元前5～公元前3世纪。罕见如此大

p.276
玻璃璧，径11.3厘米，厚0.2厘米，湖南长沙出土，战国，公元前403～公元前221年。呈米黄色，装饰谷纹，为仿玉制品，采模型铸法，制作规整而颜色鲜艳，属于高铅钡系统，长沙可能是战国时期高铅钡玻璃的产地。湖南省博物馆藏

p.276
料珠，长1.2～2.3厘米、直径1.4～2.3厘米，随州曾侯乙墓出土，战国早期，约公元前5世纪

戴金佩紫，贵族所好

p.278
金簪，长27.7厘米，宽2.9厘米，重108.7克，北京平谷出土，商中期，公元前15～公元前13世纪。北京市文物研究所藏

p.280
玉锥形器，长18.4厘米，余杭反山出土，良渚文化。公元前3300～公元前2200年。浙江省文物考古研究所藏

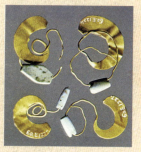

p.281
金珥形饰，宽3.9～2.7厘米，山西石楼出土，商，公元前14～公元前11世纪，呈珥形，珥首粗圆，至珥尾渐细，尾端作细丝状，细丝处系有长形松绿石

p.281
金耳环，通高3.4厘米，重6.8克，北京平谷出土，商中期，公元前15～公元前13世纪，北京市文物研究所藏

p.282
金盏、金匕，高10.7厘米，径15.1厘米，匕长13厘米，盏重2156克，匕重6.45克，战国初期，公元前5～公元衣4世纪。湖北随县出土。是迄今出土先秦时期最重的一件金质器皿，代表了先秦贵金属工艺的成就。湖北省博物馆藏

p.282
文帝行玺金印，高1.8厘米，长3.1厘米，西汉南越王，葬于公元前122年。这是迄今为止所发现最早的一枚龙纽金印。广州市西汉南越王博物馆藏

p.283
匈奴金冠饰,径16.5厘米,全重1038.9克,战国,公元前475~公元前221年。这套金冠是迄今为止发现的唯一完整的胡冠,为强悍的匈奴王所戴,是权力与地位的象征。内蒙古博物院藏